可能性にアクセスするパフォーマンス医学

二重作拓也

星海社

276

SEIKAISHA SHINSHO

はじめに

「パフォーマンス」という言葉から、どんな場面を想像するでしょうか？

オリンピック選手の人間技とは思えない高次元のスポーツパフォーマンス。
世界的音楽グループによる授賞式ステージ上でのキレキレのダンスパフォーマンス。
演劇や舞踊、伝統芸能における演者の突きつめた身体パフォーマンス。
海外オーディション番組で審査員の眼を丸くする日本人の超絶パフォーマンス。
対戦相手を挑発するプロレスラーの過激なマイクパフォーマンス。
政治家が国会や討論番組で、有権者を意識して行う政治的パフォーマンス。

「パフォーマンス」という言葉は、ともすると日常生活の外側にある、アスリートやアーティスト、芸能人、著名人など、目立つ立場にある人の特別な領域の言葉として考えられがちです。
しかし「パフォーマンス」は、もっと日常に、もっと普通に、もっと身近にあるものです。たとえば、普段の会話でもよく使われるコスパ（コストパフォーマンス）は、費用に対する効果のことで、コスパがいいとやはり単純に嬉しいものです。また「スマホに新しいアプリを入れたら処理能力が上がってパフォーマンスが向上した」「睡眠環境を整えてよく眠れるようになったら仕事や趣味におけるパフォーマンスが向上した」といった感じで使われる言葉でもあります。
つまり「パフォーマンス」とは、演技、演奏、プレーなどの身体を使った表現、大勢の中で人目を引くための目立つ行為、性能や機能、業績や成果など、多様な意味で使われる言葉でありながら、どれも「実行に関わる」という共通性をもった言葉だといえるでしょう。

【誰もがパフォーマンスを向上させられる】

これが本書の核となるメッセージです。とはいえ、「これをやれば上手くなる」「必ずできるようになる」という性格の書ではありません。なぜなら私たちの身体はそれぞれがオリジナルであり、脳も誰ひとり同じではないからです。ある方法があるタイプの人にとってプラスに作用することもあれば、別のタイプの人にはマイナスになることもある。同じ人においても、ある時期には効果的だったノウハウが、別の時期には意味をなさない。ルールや状況が変われば、それまでのやり方は通用しない。そのようなことはしょっちゅうだからです。「これさえやれば完璧」、そんな方法もノウハウも存在しない。それが本書の前提です。

パフォーマンスを行うのは他でもない「人間」です。もっと人間にフォーカスしたらどうだろう？　源流から捉えてみたら何かわかるかも？　原理原則を共有できたら、それぞれの向上につながるんじゃないか？　ＤＮＡや環境に恵まれた人たちだけではなく、誰もが自分の希望（そうあってほしい未来）に近づけるんじゃないか？　いろんなジャンルの素晴らしきパフォーマンスに心を動かされてきた私にとって、これらの「問い」に向かい続けることが、いつしかライフワークとなっていました。

そんな私が、ひとつだけお約束できるとするならば、それは「パフォーマンスは変えられる」ということです。記憶が変われば、想像が変わる。想像が変われば、運動イメージが変わる。運動イメージが変われば、運動が変わる。運動が変われば、パフォーマンスが変わる。パフォーマンスが変われば、視える景色が変わり、感じられる感覚が変わり、身体が変わる。「読んで、動いて、試して」みれば、あなたの脳が、あなたの身体が、あなたの可能性を教えてくれるでしょう。

ひとつの例として、「視る」というテーマの一部をご紹介しましょう。

手のひらの真ん中をみて、手全体を視ると、手は「大きく」視えます。今いる場所の景色全体を視界に納めてから手を視れば、手は「小さく」視えるでしょう。「大きい」とは、小さいエリアから大きなエリアを視る運動、「小さい」とは大きなエリアから小さなエリアを視る運動によって感じられる感覚だとわかります。

この原理原則を理解していれば、大勢の前で何かを発表する時、緊張感に襲われそうになったら、「会場全体を視界におさめてから、聴講者を視る」という運動を経ることで、プレッシャーを減じる、というような応用が可能です。お子さんがサッカーをやっていれば、「緊張したらフィールド全体を視て相手チームを視てごらん」とアドバイスできますし、ソロのシンガーであれば、衣装に「目立つワンポイントのアクセサリー」などをつけて、そこにオーディエンスの視線を集めてから「歌う姿を大きく感じさせる」といった工夫もできるわけです。

このように本書は、パフォーマンス向上における医学的背景を共有し、簡単な運動例や手軽な実験例を示しながらできるだけ具体的にお伝えすることを目的としています。

幸運なことに、私はパフォーマンスというものに多角度から光を当てる機会に恵まれてきました。スタートは8歳の時、強くなりたくて（弱い自分が嫌で）父に相談しました。すると父は「沖縄の子たちは、空手をやっていてね、相手の攻撃から身を護るんだ」と、上段受けを教えてくれました。「空手やったら、僕も強くなれるかな？」「きっとなれるよ」そんな会話から、実践者としてのパフォーマンス追求が始まりました。運にも恵まれ、海外での試合を含め13歳から29歳まで試合に出場しましたが、簡単に数えられる優勝回数よりも、数え切れない数の負けが、悔しさと気づきを与えてくれました。

輪郭の部分だけ、とはいえ大学で学んだ「医学」との出逢いも大きなものでした。内科学、整形外科学、皮膚科学といった「臓器別・部位別」の専門性を追求した医学。スポーツ医学、リハビリテーション医学など、スポーツをやる人、疾患や外傷で機能障害を負った人など「属性別」で幅広くカバーする医学。解剖学や、生理学、発生学や病理学などの、あらゆる臨床医学のベースとなる基礎医学。病気になる数歩手前で「そうならない」ための予防医学。それらの圧倒的集合知の存在は心強いもので、パフォーマンスを医学的な視点から考えるようになりました。

そしてドクターとして立つ医療現場は、私にとっての実践教室です。スポーツが大好きなのに気がつけば怪我と戦っている運動部の中高校生、全てをかけて競技に打ち込んできたのに故障やダメージで戦線離脱するアスリート、「絶対家に帰る」と毎日合計3時間以上リハビリに励む90代の大先輩まで、「少しでも望む状態に近づきたい」と行動する患者さんたちから学んでいます。

そういう意味では、ひとりでは気づけなかったことの集大成でもある『パフォーマンス医学』。これを私のなかだけで止めてしまってはいけない、出逢った人の可能性に少しでも貢献したい。本書はそのような想いから執筆しました。

第1章では、運動が生じるシステム、脳と運動について考察しています。つい当たり前と考えてしまいがちな「運動」ですが、知れば知るほどその緻密さと精巧さに驚くばかりです。特に運動の源流へのアプローチはパフォーマンスを次のレベルに引き上げてくれるでしょう。

第2章では、身体の不思議に着目してみました。視るってどういうこと？　歩くとパフォーマンスの関係は？　「腰を落とせ！」の指導は動けなくなる？　格闘技医学においてリング上で実証されてきたレントゲン画像等も登場し、「読んで、動いて、変わる」面白さを共有します。地球と仲良くする「重力」の使い方も解説していますので、地球外からいらした生命体の方々にも是非読んでいただきたい章でもあります。

第3章では、パフォーマンスや練習の土台となる「静かなる強化」について考察しています。何気ないジェスチャーの中にヒントがあったり、睡眠中に脳の中で凄いことが起きていたり、言葉ひとつで運動が大きく変わったり、といったことが実際にあります。パフォーマンス以外の部分もまた、パフォーマンスを高めてくれるでしょう。

現代社会おけるテクノロジーの発達、特にスマホで動画を視聴する、SNSを眺めるなどの日常生活の変化は「運動の欠落」というマイナスを招いています。これは「運動と共に理解する」は人間本来の性質とかけ離れつつあることを意味します。

その一方で、次から次へと「初」を現実化し、メジャーリーグでの記録を更新し続けるベースボールプレイヤー・大谷翔平選手、ひとりの厳しい研鑽に次ぐ研鑽が、人間の運動と表現の限界のラインを突破してきた象徴的な例であるフィギュアスケーターの羽生結弦選手、人間の思考領域の可能性を現在進行形で拡大し、前人未到の領域を歩み続ける藤井聡太棋士、『日本ボクシング史上最高傑作』であり、パウンド・フォー・パウンド（体重に関係なく強さを示す評価）において、日本人として史上初の1位となったボクシングの井上尚弥選手など、とんでもない若い世代が純粋にその実力で存在感を示す時代でもあります。

気が遠くなるほど途方もない回数、「身体に問い続けた過程」が、人々の感動を呼び起こす。どれだけ時代が変わろうとも、この部分はおそらく変わらないように思います。ですから日常生活をはじめ、あらゆる場において自身のパフォーマンスを向上させようとする人々は、世の中に希望を感じさせる光のような存在なのだと思います。

全く気づかなかった私がみた景色の、もっと先を楽しんでいただくために。あなた自身の可能性にアクセスするために。何があっても未来の方角に向かって立ち上がるために。

『パフォーマンス医学』が、あなたの旅の小さなセコンドになれば、著者としてそれ以上の喜びはありません。

目次

第2章　身体のおもしろさ　89

「呼吸」とパフォーマンス　119

第3章 静かなる強化 189

第1章 脳と運動

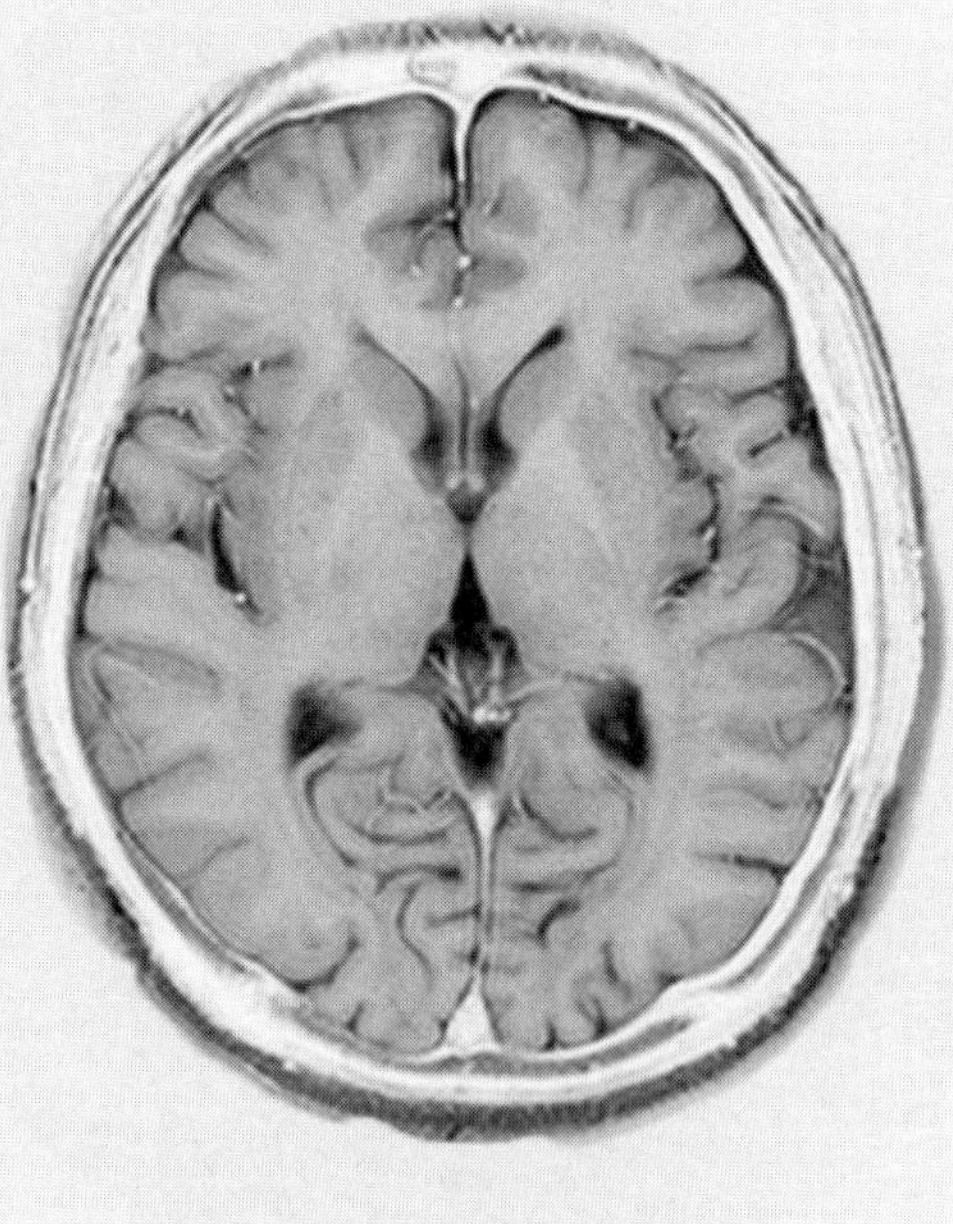

運動とは何か？

1-1 パフォーマンスとは運動である

目にも止まらぬ速さで、手や指を動かす一流のギタリスト。その手首から先は、まるで人間とは別の生命体のようです。圧倒的なスピードで手指を動かせること自体がすでに凄いのですが、ギタリストは法則性や決まり事、基礎や型といったものを踏襲しながら、絶妙なタイミングで、押さえ、刻み、叩き、緩め、こすり、掬い、震わせ、響かせ、重ね、鳴らし、揺らし、弾き、止めて、「音楽」を成立させます。

その様子は、ギターを弾いているというよりも、「ギター自体が鳴っている」ように感じられるほどです。オーディエンスの身体全体に空気の塊がぶつかり、その振動が脳内で音楽として再生されます。

もし一発のクリーンヒットをもらえば重大な後遺症を抱えかねない緊迫感の中、プロボクサーは一瞬、一瞬を奪い合います。相手選手のハードパンチの猛攻を受け続け、本人以外の誰もが「負け」を確信したその時、ほんのわずかな時間と空間の隙間にスッと刺し込まれる何気ないパンチ。まるで文章中の「、」や「，」のように、ごく自然な流れに置かれた一撃が、全体の流れを大きく変え、目の前の光景を疑うような劇的な逆転KOが訪れます。鍛え抜かれた肉体、洗練された高度な技術を駆使しながらも、たったひとりでも可能性を信じ続ける人間の強さが観る者を奮い立たせます。

「ああロミオ。あなたはどうしてロミオなの？」ジュリエットのセリフを発しているのはジュリエットではありません。全くの他人である俳優は、発する声、表情、鼓動、波動、熱量、心の動きなど、もてる全てを動員して、その人以上にその人になります。

400年以上も前の古い英語で書かれた物語が、時代、地域、言語、時には性別をも軽々と飛び越えて、〝最新型のロミオとジュリエット〟として今、この時代に現出し、ふと気がつけばその俳優はジュリエットにしかみえなくなります。虚構から生まれた演技が人々に感じさせるのは人間のリアリティです。

どれも圧倒的パフォーマンスです。人間がやっているのに、神の存在さえ感じるような技の数々。どれも全く異なるジャンルの、全く違う表現ですが、これら全てのパフォーマンスに共通するのは、「運動」です。

「フライパンにオイルをひいて卵料理をつくる」のも、「チームを代表して新製品のプレゼンを行う」のも、「スマホ画面でお気に入りの動画を視聴する」のも、「ノートに計算式を書いて解を導く」のも、「文字情報を追いかけて小説を読破する」のも、全て「運動」なしには成立しないのです。

運動には、「意図的な運動」と「意図的でない運動」があります。たとえば「心臓や内臓が動く」というのは意図的でない運動です。自分の意思で心拍数を速めてみたり、膵臓から分泌される膵液を今年は例年より多めに出してみたり、宿命のライバルよりも膀胱を大きく拡げてみたり（そこ張り合ってどうする?）するのは無理なように、それらは自動的に調整されています。「熱いものに触れた時、瞬間的に手を引っ込める」のように反射的に行う運動も、意思は介在せず脊髄レベルで起きるので、意図的でない運動に入ります。

本書では意図的な運動、つまり「それをやろうと思って遂行される運動」について述べたいと思います。

1―2　人はなぜ運動するのか？

人間はなぜ運動するのでしょうか？

それはズバリ生きるためです。

今でこそ人間は食物連鎖の頂点に位置していますが、長らく天敵だらけの環境を生き抜いてきました。その端的な例が、「眼」です。我々人間の「眼」は天敵であるヘビによって進化してきたと考えられています。毒ヘビがいる地域の霊長類は、いない地域の霊長類よりも視覚の機能が優れていますし、ヘビを見たことがないサルも、ヘビを認識できることがわかっています。人間を対象とした実験でも、ヘビを見つける能力の方がトカゲを見つける能力よりも高く、しかも短時間で見つけられる、という結果が出ています。もし森の中で猛毒のヘビに出くわしたら、ヘビから「逃げる」か、ヘビを「追い払う」か、ヘビを「殺す」しかありません。運動が解決への道となります。待ったなしの危機に直面したら、瞬時に陸上ランナーか、道具を駆使する職人か、格闘家に変身するしか生きる道はありません。「あ、私、運動苦手なんで、そんなのムリっす」なんて言っている人はすぐに静かになるでしょう。

そして運動は「理解」とも深く関わります。たとえば「山の向こうにどんな景色が拡がっているか？」を知るには、山の向こうまで移動しなければいけません。私たちの脳は、❶山の向こうまでの視覚情報の変化、❷山の向こうまで移動したときに身体各部から得られる運動の情報、❸移動するときの外からの情報、などを統合して初めて「山の向こうの景色」を理解します。「動かずに理解できる」ということはなく、「運動量が不十分なのに理解が十分」ということも、本来ないのです。山の向こうに「オオカミの群れがいる」、あるいは「たくさんの果物がなっている」、どちらの景色の理解も生存に直結します。そういった重要情報を群れ、仲間、家族に共有する手段として絵画や言語が発達してきたと考えられています。

現代社会において、スマホで動画を視聴する、SNSを眺める、などのテクノロジーの発達は、プラスの面もたくさんありますが、運動の欠落というマイナスも招いています。理解したような気になるんですね。ですから「運動と共に理解する」は人間本来の性質であることを強調しておきたいと思います。

運動すれば、理解できる。理解できれば、予測できる。予測できれば、生きる可能性が上がる。運動は本来、「生きる」ということに向かう行為であり、「生きる」ということの証明です。

アスリートやパフォーマーが人々に感動を与え、賞賛される最大の理由——それは「生きる」を体現しているからではないでしょうか。

1-3　動かせるのは筋肉だけ

パフォーマンス、そして運動について考えるとき、重要な前提があります。それは「人間が意識的に動かせるのは筋肉だけ」という医学的事実です。「筋肉」についてもっと専門的に書くならば、筋肉の中の随意《ずいい》筋群《きんぐん》ということになります。随意筋群とは、自分の意思で収縮させられる筋群のことです。

たとえば、「肘を曲げる」という運動をする場合、肘関節を曲げるのに関わる随意筋群が収縮して肘が曲がる、屈曲《くっきょく》という動きが実現します。多くの随意筋群は端に行くと腱《けん》に変わり、腱は骨膜《こつまく》と呼ばれる骨を覆う膜にくっついています。脳から収縮の司令が出ると、筋肉は収縮し、骨も動く、というわけですね。

眉毛を動かすのも、眉毛そのものを動かしているのではなく、前頭筋《ぜんとうきん》などの顔面にある表情筋群《ひょうじょうきんぐん》を、ステーキなどの食べ物を噛むのも、頭の側面にある側頭筋《そくとうきん》や顎の外側にある咬筋《こうきん》などの咀嚼筋群《そしゃくきんぐん》を、尿意を感じても排尿を我慢できるのは外尿道括約筋《がいにょうどうかつやくきん》を収縮させているからです。

これら随意筋群に対して、自分の意思と関係なく動く筋群を不随意筋群と呼びます。心臓を動かしている心筋《しんきん》、気管支を取り巻く筋肉、血管周囲の筋肉、消化管の筋肉、子宮の筋層なども、不随意筋群です。これらは、自律神経系を介して自動調節されています。

ちなみに、ほとんど随意筋群で構成されている器官をご存じでしょうか？　それは「舌」です。舌には舌骨《ぜっこつ》という骨がありますが、舌骨は他の骨と連結をなしておらず、フリーで存在しています。そのような自由度の高い構造ゆえ、舌はとにかく可動範囲が広く、360度3次元全方向に動き、舌の形態自体も、運動によって簡単に変えられます。緻密に、器用に、しかもかなりのハイスピードで動かせる舌は、「人間にとって最も自由自在に動かしやすい器官」であり、「人体の中で最も運動が得意な器官」と言ってもいいでしょう。

そんな舌の運動能力の高さをパフォーマンス向上に応用した例をご紹介しましょう。宇多田ヒカルやプリンスなど、世界的ミュージシャンたちのリズムを支えてきた天才ドラマー、ジョン・ブラックウェル。YouTubeで“John Blackwell”で検索すれば「この人はいったい何本腕があるんだろう?」と疑いたくなるような〝千手観音プレイ〟がみられます。彼に超絶パフォーマンスの秘密を伺ったところ、このようにこたえてくれました。

「どんな複雑なビートでも、ボイスで表現できれば必ず演奏できる」

脳から距離的にも非常に近く、運動が得意な口や舌。ジョンはこれらで先にビートやリズムを生み出し、上肢下肢を含めた全身運動に変換していました。もちろん彼の音楽的才能と不断の練習の掛け算であることは間違いないのですが、彼が体得した「まず口で運動して、それから全身運動にリンクさせる」手法は、全身運動が目指すべきお手本がすでにあるという点、そしてドラムとボイス、別々の運動が同期的に行われるという点において、非常に応用範囲の広いものです。

サッカーでドリブルから流れるようにシュートにつなぎたいとき、ボクシングで速いジャブの連打からそのタイミング以外ありえないストレートを打ちたいとき、チーム全体で動きをシンクロさせたいとき、リズムに乗って勢いでもって一気に駆け抜けたいとき……など、口、舌、ボイスがパフォーマンスの力になってくれるはずです。

繰り返しになりますが「人間が意識的に動かせるのは筋肉だけ」です。言い換えるならば、投げる、打つ、演奏する、あらゆるパフォーマンスはもちろん、食べる、飲む、座る、立つ、歩く、走る、といった基本的な動きまで、すべてのパフォーマンスは「筋肉をどう動かすか／どう動かさないか」に集約される、ということですね。

1-4　意図的な運動をやってみる

では、意図的な運動は、どのように生じるのでしょうか？　その手がかりとして、ちょっとした実験をやってみましょう。ちなみに、本書では何度も「実験」が出てきますが、あくまでも違いを体感するレベルの簡易的なもの、としてご認識いただければ幸いです。

実験1　～5本の指を大きく開いてみる～

片手（右でも左でもOK）をパーの形に開き、5本の指が扇形になるべく大きく開くように（指と指の間隔が大きく拡大するように、指と指のなす角が大きくなるように）動かしてみましょう。

A：5本の指が最大に開くように開いてみてください。

B：5本の指がそれぞれ2倍ほど長くなったとイメージし、2倍先にある仮想の指先が最大に開くようにやってみましょう。

いかがだったでしょう？　AとBでは、Bの方がより大きく開いたのではないでしょうか？　AとB、どちらも外からみた限りでは（ヴィジュアル的には）、「5本の指を思いっきり開く」運動にしか見えません。しかしAとBでは出力される運動は違ってきます。

実験2　～手のひらに何かを載せてみる～

右でも左でも構いません。片腕だけを「小さく前にならえ」して、手のひらを天井側に、手の甲を床側に向けてみてください。（肘関節90度屈曲位《くっきょくい》、回外位《かいがいい》）そして、この肘の角度をしっかりキープするようにします。

まだ手の上には何も載っていません。最初に手のひらの

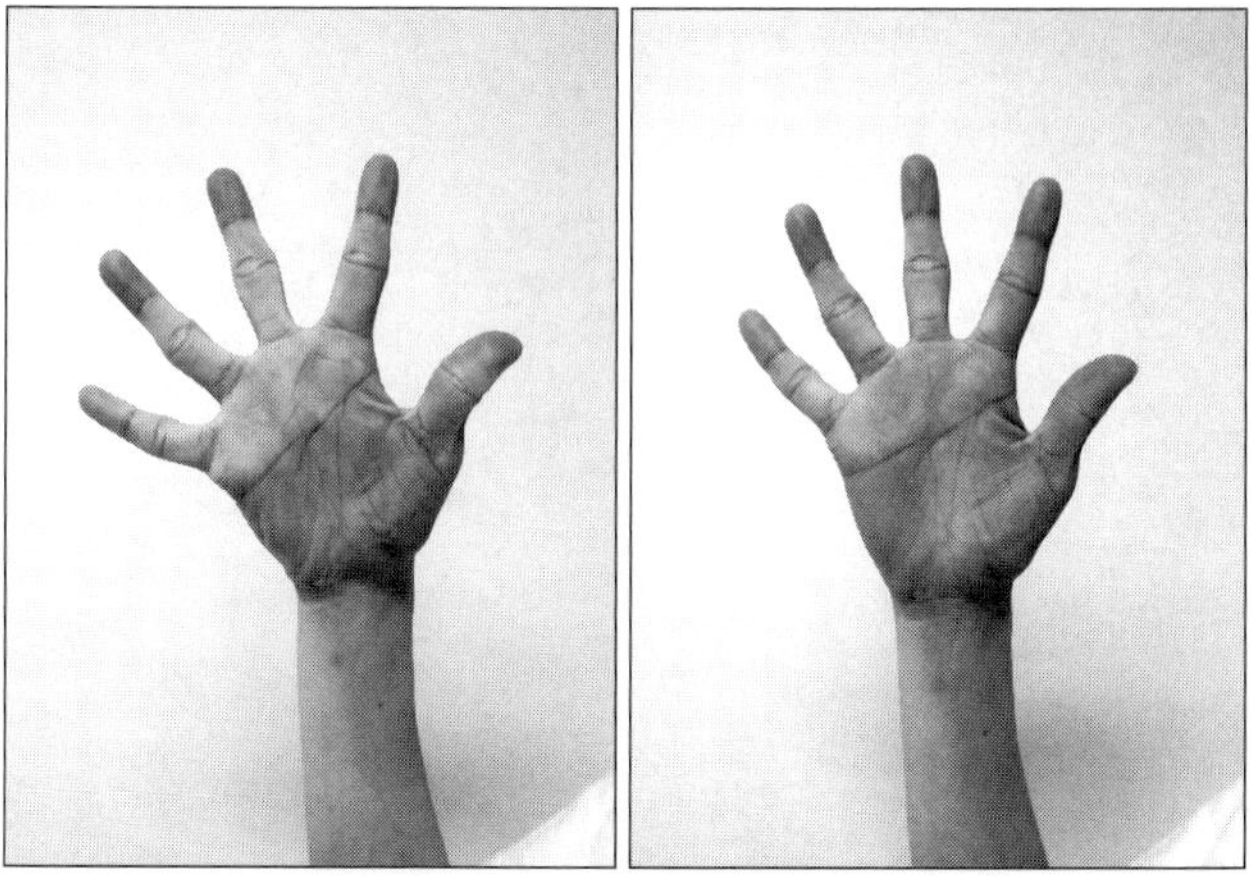

イメージ前（右）と後（左）の様子。後の方が明らかに指が開いている。

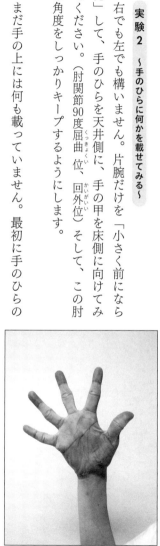

上にミカンが載った、と想像し、ミカンを手で支えてみましょう。次にミカンがリンゴに変わりました。その次にリンゴがメロンに変わりました。次にメロンがスイカに変わりました。スイカくらいになると、ちょっと片手でもつのは簡単ではないですが、なんとか肘の角度を保ってみてください。（ファイトぉ！）そしてさらに、スイカが10キロのお米の袋になりました。さらに20キロのダンベルに変わりました。

さて、これらの過程で腕の筋肉はどのようになったでしょうか？　おそらく腕の力こぶにあたる筋肉、上腕二頭筋《じょうわんにとうきん》はじめ、前腕や肩の筋群の収縮を感じたかと思います。想像上の対象が大きく、重くなればなるほど、筋の収縮は強くなったはずです。この運動の変化はどこで起きたのでしょうか？　そう、もちろん「脳」ですよね。

1－5　前頭前野と運動イメージ

人間の「意図的な運動」、つまりそれをやろうとして遂行される運動は、前頭葉《ぜんとうよう》のいちばん前にある前頭前野《ぜんとうぜんや》で生じると考えられています。前頭前野は、人間が人間らしくある活動を担っていて、眉間の後ろ、いわゆる〝サードアイ〟と呼ばれる場所に一致するのも面白いところです。
前頭前野は、何かを考える、アイディアを出す、感情をコントロールする、状況や条件から判断をする、基本を何かに応用するなどの高度な知的活動が行われていて、司令塔の中の司令塔、あるいはコンピューターの中のコンピューターとも形容されるエリアです。ですから、文化、哲学、宗教、芸術、学問、集合知、テクノロジーなども、人間の賢さが集約された前頭前野ならではの産物といってもいいでしょう。国立研究開発法人理化学研究所によれば、前頭前野が大脳に占める割合は、ネコ3・5%、イヌ7%、サル11・5%、チンパンジー17%であり、私たち人間は29%。他の霊長類に比べて我々人間の額が広く、前に突出しているのは前頭前野が大きく発達しているからです。(私の前髪の生え際が若い時より若干後退しているからではありません)
前頭前野は、身体の内外、脳の各エリアから情報を集積

"サードアイ"が未知なるアイディアをもたらす!?

し、それらの情報を元に「今からこんな運動をする」という運動イメージをつくります。運動イメージは、一般には「心的にある動きを想像すること」と説明されます。

前頭前野で想起された運動イメージは、そのうしろに位置している高次《こうじ》運動野《うんどうや》という部位に伝達されます。高次運動野は、運動の組み合わせ、選択、調整などを行っていると考えられており、その情報は高次運動野のさらに後ろにある一次《いちじ》運動野《うんどうや》に到達します。この一連の過程で、大脳基底核《だいのうきていかく》や小脳《しょうのう》と連絡しあいながら、運動をスムーズにしたり、制御したり、ブレーキをかけたりといった「運動の最適化」がなされます。

大脳基底核は、姿勢の保持や調整、筋緊張のコントロール、運動のオン・オフ、表情の調整、直感の具現化などに関与しています。「背筋《せすじ》を伸ばした状態をキープする」「潜在意識下で危険や利益を計算して行動を決める」「次に行う運動の候補を絞り込む」などに関与しています。例えばフォーマルなレストランでステーキを食べ

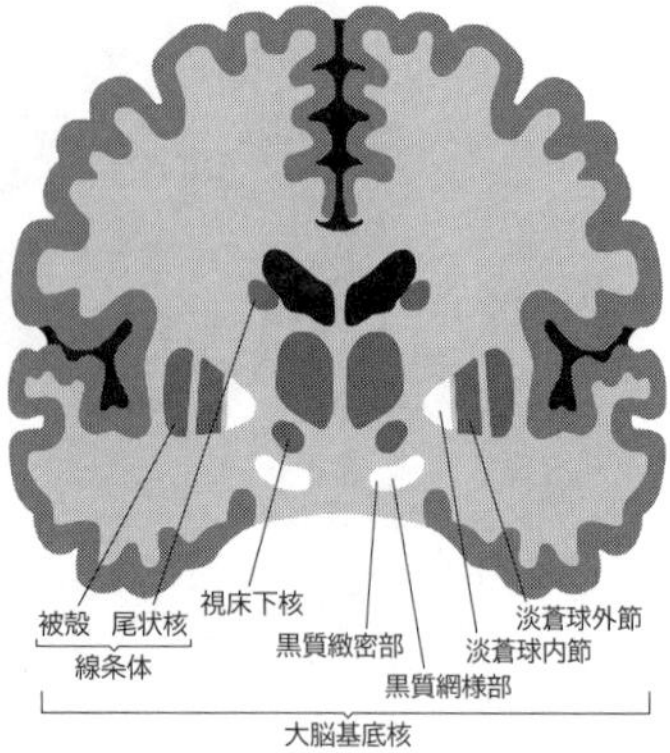

人間の脳の部位

る時、「ナイフとフォークを操る動き」と「ダーツを投げる時の動き」が同時に出現してしまうと困るわけですが、大脳基底核には、「意図しない運動」を抑制する働きもあります。他にも、流れるようなスムーズな動きを実現したり、状況に合わせて運動を適正化したりしています。

小脳は大脳の後方にあり、大脳の10分の1ほどの体積ですが、実は大脳よりも神経細胞の数は圧倒的に多く、一千億個ほどの神経細胞（ニューロン）が存在すると言われます。小脳では平衡や姿勢を保つ筋出力を調整して、運動を制御したり、視覚や触覚、深部感覚などの感覚情報を運動の指令と統合して、脳の指令どおりに身体が動いているかの確認や修正を行ったりしています。いわゆる「身体で覚える」運動能力に関わる部位で、意識を潜在化したまま運動を学習する機能もあります。

このような特徴をもった大脳基底核や小脳での「運動の最適化」を経て、運動の情報は一次運動野に到達します。一次運動野は運動イメージを基に出来上がった運動の計画を最終的な電気信号に変換する場所です。電気信号は、一次運動野から脊髄、運動ニューロンを通じて筋肉に伝達され「今から遂行しようとする運動に必要な筋肉群」が収縮し、目的動作が遂行される。これが運動が生じるシステムだと考えられています。

専門用語がたくさん出てきて恐縮ですが、思いっ切りシンプルに表すならば、随意的な運動とは「前頭前野で想起された運動イメージを、筋肉（随意筋群）が具現化するプロセス」といえるでしょう。

1-6 想像と記憶

先ほどの2つの実験でのパフォーマンスの変化について、その理由を考察してみたいと思います。

実験1のAでは、文章の意味を読み取ったあと「5本の指が最大に開く運動イメージ」が想起され、最終的には一次運動野からAの運動の実現に適した筋群に指令が出ました。

対してBは、Aで使用した実際の5本の指よりも2倍長い指を動かそうとしていますから、実寸大を超える指を開こうとする運動イメージが基になった運動指令が出されました。本来の長さよりも長いものを想像し、それを動かそうとするわけですから、その運動にはより多くの、あるいはより強力な筋肉群が参加することになります。その結果として、B

のほうがAよりも、「なるべく大きく開くように」の目的に適ったパフォーマンスが発揮された、というわけです。

では、なぜ想像できたのでしょうか？　それは記憶があるからです。

実験1のBで5本の指の2倍の長さが想像できたのは、おそらく何かを2倍した記憶がある、あるいは「倍にする」という概念を応用したと思われます。

実験2では、手の上の何かが変わるたびに、想定される重さや質感が変わり、運動イメージ自体が変化し、筋の収縮に違いが出た（異なる運動が生じた）と考えられます。実際には持っていないのに、「それを持って支えている場面」をリアルに想像できたのです。

ミカンの軟らかさ、リンゴの色や温度、メロンの表面のザラザラした質感、スイカのズシリとした重さと、お米の袋の片手でのもちにくさ、鋼のダンベルの硬い手触り、それぞれの筋や腱のテンション、落としたらどうしようという不安……これらは「ミカン」「リンゴ」などの文字情報の入力をきっかけに、保存されていた記憶が検出されたわけです。

お米の袋をもったことがあるからその記憶があるわけですし、もしダンベルを全く知らなければ、想像したくても想像できない（運動イメージを想起しようがない）ということになります。また20キロのダンベルを実際にもったことは無くても、ダンベルがどんなものかを知っていて、10キロのお米をもった感じを想像できれば、「だいたい20キロってこんな感じかな」と今ある記憶を組み合わせ応用できるわけです。日常的にダンベルを扱っているボディービルダーやパワーリフターの方は、20キロと22・5キロの違いをかなりリアルに再現できるはずです。

記憶がなければ想像できません。記憶は想像の材料であり、意図的な運動の源泉と言ってもいいでしょう。

1－7 脳とは記憶そのもの

「脳とは記憶そのものである」と表現されることがあります。

野球のピッチャーとは、ボールを握った時の感触、マウンドに立った時の景色や土の匂い、強い風が頬にぶつかる感覚、球場に響く応援や歓声を背中に受けるときの心強さとプレッシャー、ピンチに陥った時のなんとも言い難い不安、強打者をギリギリでなんとか抑え込んだときの安堵、ボコボコに打たれてコールド負けする辛さ……そういった記憶をもっている人のことです。この場面、このシチュエーションで、何を選択するか。何と何を組み合わせるか。上手くいく可能性と失敗する可能性、どちらが大きいか。豪速球を投げ続けたとして肩や肘はどこまで耐えられるか。そういった予測や判断まで含めて、内なる記憶と外からの条件を材料に瞬間的にジャッジしながら運動できる。それがユニフォームとボール、グローブを買ったばかりの人と、マウンドに立ってきたピッチャーの違いなのだと思います。

そう考えれば、たしかに「脳とは記憶そのもの」であり、「記憶の集積」こそ「その人」を表している気がします。そしてどんな記憶があるか、どのように刺激を入力するか、どんな判断をするか、どんな動きに変換するか。それがパフォーマンスにおける脳の役割と言っていいでしょう。

記憶は脳内のニューロン（神経細胞）とニューロンが手と手をとりあうように繋がってネットワークを形成して保存されていると考えられています。このネットワークの形成に関わるのがシナプスです。ニューロンとニューロンの間には20ナノメートル（1㎜の5万分の1）のとても小さな間隙があり、シナプスとはその接合部のことです。電気信号がニューロンの終末部（シナプス前部）に到達すると、終末部から神経伝達物質が放出されます。その神経伝達物質が、次のニューロンの表面にある受容体に結合すると、そこで電気信号に変換され、情報が伝達されます。

新しく何かを記憶するとき、シナプス自体が大きくなったり、新しいシナプスができたりして、ニューロンとニューロンの連結が強化されます。逆にあまり使われない記憶のネットワークは、シナプスが小さくなったり、消失したりします。これを「シナプスの可塑《かそ》性《せい》」といいます。私たちは、このシナプスの可塑性を駆使して、記憶をどんどん最新バージョンに更新することができます。これが私たち人間の強さの根源です。

1－8 感じて動く、動いて感じる

Feel, Don't Think.（考えるな、感じるんだ）
アジアを代表する歴史的スーパースター、ブルース・リーの名言です。
外側からの情報に感覚を閉ざすことなく、身体の内側からの声にも耳を澄ませて、余計な考えが運動を邪魔することのないよう、無心で動く。これはもうパフォーマンスにおける真理に近いのではないかと思います。この言葉から私自身の勝負を振り返っても、「強さを証明してやろう」とか、「差を見せつけてやろう」とか、そのような邪心をもって臨んだときには望む結果になっていない気がします。

そして、このようにも思います。極限まで身体を鍛え上げ、圧倒的パフォーマンスを体現したブルース・リーのような人の「脳と身体」は、感度も、感じ方も、感じる内容も、普通の人とは同じではないだろう、と。そしてもっと流れるように動けたら、もっと風をリアルに感じられるような気がします。感じて動く、動いて感じる。その途方もない回数の往復が、パフォーマンスを高めていくのでしょう。

脳、それは「運動に変える変換器」です。記憶が変われば、想像が変わる。想像が変われば、運動イメージが変わる。運動イメージが変われば、運動が変わる。運動が変われば、パフォーマンスが変わる。パフォーマンスが変われば、視える景色が変わり、感じられる感覚が変わり、脳と身体の変化を自覚できるでしょう。パフォーマンスの追求

ブルース・リー像（著者撮影）

とは、なりたい自分を目指しながら、最新型の自分に出逢い続けるということなのです。

運動イメージの変革

2-1　身体を使ってやってみる

ここからはいろんなパターンの運動イメージを想起して、みなさんのパフォーマンスにフィードバックして参ります。といっても、難しいものはありません。どれも「そのままやれば、そのままできる」最大公約数的なものばかりです。優先したのは、いつでもどこでもできる「再現性」、そして、いろんなジャンル、技術、場面にもアレンジできる応用性です。

ここでは「文字情報を読んで↓文字情報で表されたことを理解する」ではなく、「文字情報を読んで↓身体でやってみて↓身体が感じたことを↓脳でキャッチする」の過程を踏んでほしいと思います。「身体を通じて、脳が理解する」を小さな目的地といたしましょう。

2-2　大きくつくって、小さく動く

めいっぱい動いているのに、どうも伝わっていかない。体力や筋力はあるのに、活かせ

ている気がしない。小さくまとまっている、と指摘されることがある。一生懸命やっているのに大勢に埋もれがち……もしかしたらその原因は、「運動イメージの小ささ」にあるかも知れません。

では早速、運動イメージの大きさを変える実験をやってみましょう。

「右の手のひらを上にして、握った左手を上から落としてポンと手を打つ」

という動きを行います。スタートの点（左手があるところ）をX、ゴールの点（右の手のひら）をYとします。次のA、Bどちらのパターンでも身体を実際に動かすのはXからYまで、としましょう。

A：XからYまで動かす運動イメージで行った場合

B：Xよりも20センチ上のX、からYよりも20センチ下のY、まで動かす運動イメージで行った場合

AとBを比べると、Bの方が威力が上がったと思います。

大きな運動イメージをつくっておいて、実際はそれよりも小さく動く。これは武道や武術などの〝型〟に隠されたパフォーマンス向上の秘密でもあります。外見上は同じ運動に見えても、運動イメージが大きいため、動員される筋肉が変わり、出力される運動が変わってきます。型は「そんなに大きく動いて実際に使えるの？」って疑問に思うくらい、スタンスが広かったり、拳を随分と後ろに引いたりしてオーバーな動きのオンパレードです。しかしこのオーバーさこそ「大きくつくって、小さく使う」極意なんですね。

この実験では筋の出力が「威力」という形でわかりやすく表現されましたが、舞台上の表現や演技なども、運動自

左手がX地点

左手がY地点

体が変わりますから「伝わり方」が変わってきます。

たとえば「エイ・エイ・オー」と拳を空中に突き上げるシーンがあるとします。この運動を、

A：拳を最下点から最高点まで動かす運動イメージ
B：拳を最下点よりも下から最高点よりも上まで動かす運動イメージ

でやった場合、どちらの運動のほうがエネルギーが伝わるでしょうか？　ぜひ試してみてください。この逆の応用として「やる気のない人が仕方なくやらされるエイ・エイ・オー」を演じる場合は、運動イメージは小さい方がいいかも知れませんね。

演劇、バレエ、ダンスなどの「観せる」芸術は、動きやポーズ、所作などを通じて、観ている人たちの脳に何かを感じさせる身体活動です。とくに視覚を通じたミラーニューロンの活性化がキーポイントで、テキトーに動かせばテキトーさが、真剣に動かせば真剣さが、ナチュラルに動かせばナチュラルさが伝わっていきます。

「その運動は、どんな運動イメージから生まれているか?」「伝わりやすいのは、どんな運動イメージか?」この視点からの問いは、身体表現における「見えない差」となるでしょう。

2-3　道具は身体の一部である

今度は道具を使って、運動イメージを変えてみましょう。

「右の手のひらを上にして、握った左手を上から落としてポンと手を打つ」、この運動は、基本そのままで、スタートの点（左手があるところ）をX、ゴールの点（右の手のひら）をYとします。次のA、Bどちらのパターンでも左手を実際に動かすのはXからYまで、とします。

A：XからYまで動かす運動イメージで動かす。

B：30センチほどのハンガー（棒などでもOK）をもって、ハンガーの先をX'、振り下ろしたときのハンガーの先をY'、とし、X'からY'、まで振り下ろす。これを数回行ったあとにハンガー無しで、X'からY'、まで振り下ろす運動イメージのまま、XからYまで動かす。

Bは最終的にはハンガーをもっていないだけで、ハンガーをもって動いたときの運動の記憶を再現しています。人間は道具を使うと、その道具を含めた領域全てを脳に記憶しようとします。何かを持って動かせば、その感触、筋肉や腱の張力、関節や靭帯にかかる負荷などの情報がリアルタイムで脳に送られ、道具の影響を受けた運動になります。この場合のハンガーの先X、は身体の延長として動いているということになります。

このように「道具を身体の一部のように認識する現象」は至るところでみられます。外科医が手術でつかうメスやピンセットの先端は外科医の身体の先端であり、料理人がもつ包丁の先端も、脳は身体の先端として認識します。ジャズ奏者がトランペットを演奏するとき、脳はトランペットを含めて重心をとろうとします。車の運転中、ガード下をくぐるときに思わず頭を下げることがありますが、これも車全体を「自分」として認識しているからです。

逆パターンとしては、爪を切ったり、唾を吐いたり、排泄したりすると、ついさっきまで自分の一部だったことを忘れてしまいます。積極的に嫌悪する場合さえあるでしょう。これも脳が自分から切り離して認識したからです。

道具と脳の関係に関して、示唆的な研究があります。理化学研究所の入來篤史チームリーダーらは、ニホンザルに熊手を使って自分で食料を取る練習をさせました。ニホンザルたちは実に優秀でわずか10日で熊手を使えるようになり、20日後に脳のMRI画像を撮影したところ、大脳の頭頂間溝部皮質《とうちょうかんこうぶひしつ》、上側頭溝部皮質《じょうそくとうこうぶひしつ》、第2体性感覚野の体積、小脳《しょうのう》脚部《きゃくぶ》など、感覚と運動に関連した部位の体積増加がみられました。道具の使用によって脳そのものが物理的にも変化したのです。恐るべし、猿手に熊手のモンキーマジック。

そして一流のアスリートや表現者の道具への向き合い方は、非常に興味深いものがあります。音楽家の細野晴臣氏は、新しい楽器が出てきたら必ず試して演奏をマスターされるそうですし、サッカーの王様・ペレは、貧困にあってサッカーボールが買えなかったため果実や小さなボールで練習し、正確無比な技術を身につけたそうです。世界3大ギタリストのひとり、ジェフ・ベックは唯一無二のギタープレイはもちろん、工具を駆使してクラシック・カーを改造するテクニックも超一流で、オイルまみれの両手の写真がアルバムのジャケットになっているくらいです。グローブ以外の道具を使わない格闘技のチャンピオンには他競技の経験者が多く、他ジャンルで培った運動能力をファイトスタイルに生かしています。スケボーや乗馬でつくったバランス感覚が寝技の安定につながったり、バスケでつくったリズムがフットワークに反映したり、サッカーでのコントロールが蹴り技のベースになっていたりします。

このように「道具を使ってみる」「道具を変えてみる」「新しい道具を試してみる」というのはパフォーマーの脳に、プラスに作用する可能性があります。「この技をレベルアップするには、どんな道具をどのように使えばいいだろう?」そんな方向性も面白そうですね。

2-4 身体を超越してみる

運動イメージでは身体の一部を延長する、仮想点をつくる、外と繋げるなどもパフォーマンスを変える効果的な方法です。

2人組で腕相撲の体勢をとって、次の運動イメージを試してみましょう。パートナー側は受け手としてプレイヤーの力を感じながら変化を言葉にして伝えてあげてください。では怪我の無いよう勝負性は控えめに、ゆっくり行ってみましょう。

A：プレイヤーはパートナーの手の甲をフロアにつける運動イメージで行う。

B：プレイヤーの前腕の長さの3倍ほど長く延長した点をXとし、視点もXに置いて、Xが急角度でフロアに倒れ込む運動イメージで行う。

AよりもBのほうが強い力が出ると思います。現実の腕の長さは変わりませんが、想像上のリーチを延長することで、「より遠い地点のものを動かす運動イメージ」が想起されますから、その運動イメージを基にした運動が出力されることになります。「3倍の長さになった前腕を倒そうとする運動」には通常よりも多くの筋群が参加してくれますので、結果として筋の出力も大きくなります。

次も同じく腕相撲です。パートナー側は受け手としてプレイヤーの力を感じながら変化を言葉にして伝えてあげてください。では怪我の無いように、お互いゆっくり行いまし

P51運動「A」のイメージ

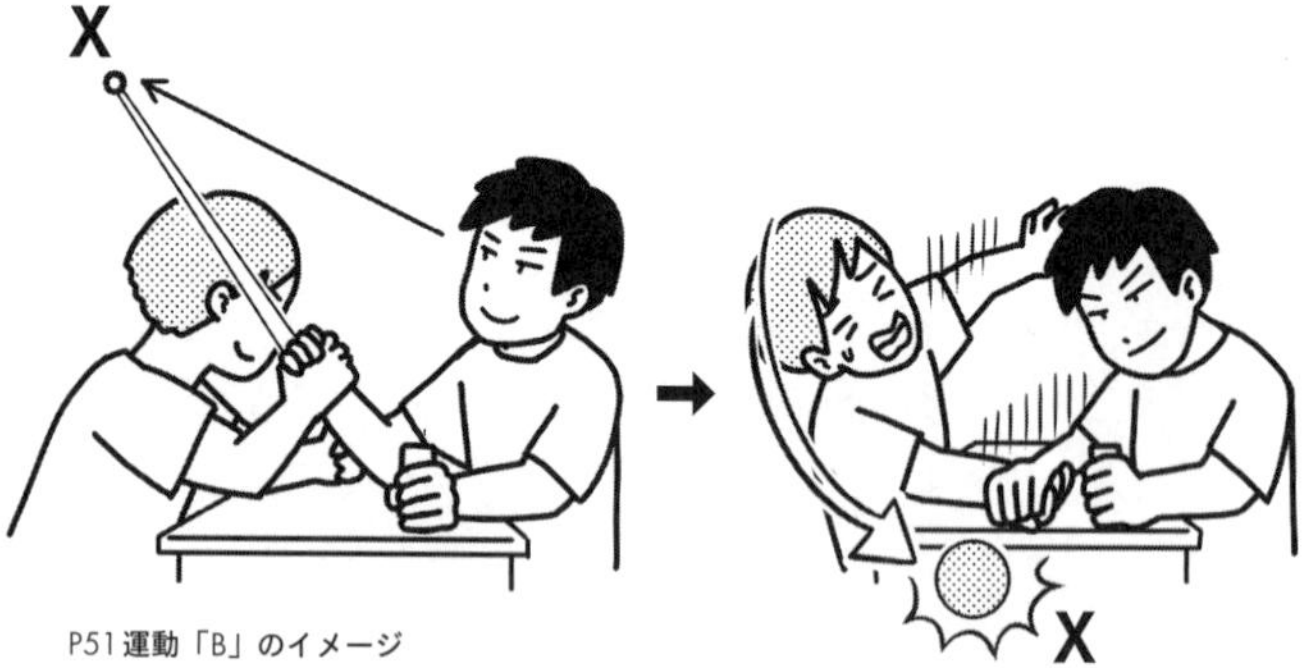

P51運動「B」のイメージ

ょう。

A：プレイヤーはパートナーの手の甲をフロアにつける運動イメージで行う。

B：プレイヤーは、スタートの時のプレイヤー手の場所をX、掌方向70センチくらい離れた場所を仮想点Yとする。（Yに目印を置くのもありです）XとYを直線で結び、その直線XYの距離が短くなるような運動イメージで行う。

これも想起される運動イメージの大きさが違います。Bは自分の身体の範囲を超えていますので、Aよりも動員される筋肉が多いです。さらにYという目標があるため筋力を発揮するベクトルも少し変わります。スタートの時点から、「相手のベクトルと真っ向勝負しない角度」になりますし、途中に膠着したときYの場所を想像上で動かせば、ベクトルを変化させることもできます。

アスリート、パフォーマーの武器は身体です。自身の身体を知ること、リーチを知ること、動ける範囲を知ること、制空圏を知ること、これらはとても大切です。ただそこにフ

P53運動「A」のイメージ

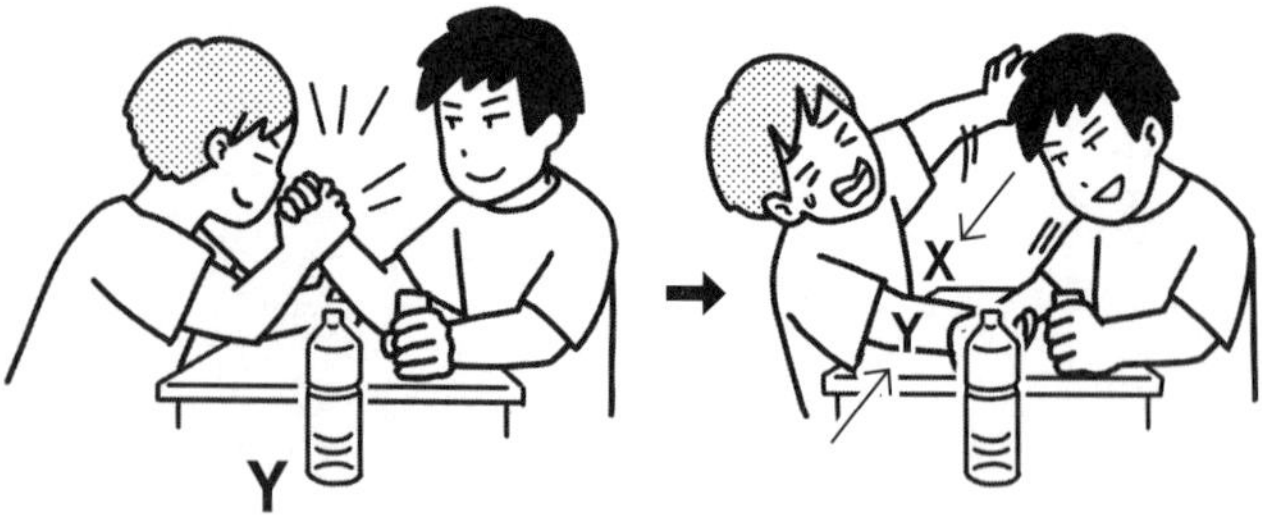

P53運動「B」のイメージ

ォーカスしすぎると「自分の身体を動かす」の発想にとらわれ、想像の範囲が自分の身体を超えなくなってしまうんですね。しかし「延長する」「外と繋がる」ことで肉体から飛躍できる可能性があります。運動イメージは自由ですから、どんどん飛び越えちゃいましょう。

ピアノで鍵盤を押さえて音を響かせたいとき、「今の指の長さのまま鍵盤を押さえる運動イメージ」と「押さえた瞬間、指先が垂直方向に7センチ伸びて深く突き刺さる運動イメージ」では、音色や響きはどのように変わるでしょうか？

歌を歌う、アナウンスをする、演説をする、セリフを発するなどの場合、顔面の表情筋群や舌をダイナミックに動かす必要があります。そのようなとき「口角を上げる」動きでも、ただ口角を上げようとするよりも、口角の水平延長線上の仮想点Xをつくり Xを上げるようにすると、脳は「より長いパーツを動かそう」と筋肉に指令を出してくれるでしょう。

ボクシングのパンチが「手だけ」になってしまう選手は、打つ側の骨盤の外側に仮想点Yをつくり、仮想点Yを動かすように身体をつかうのもアリかもしれません。パンチにも全身が参加してくれますし、スピードも威力も変わるでしょう。これに限らず、格闘技は空間の取り合いでもありますから、自分と相手の間に仮想点を置く、仮想ラインや仮想ゾーンを設定するなど「身体の外に意識をおけるかどうか」は大きな差になるでしょう。

テニスやバスケ、サッカー、卓球などで、「フットワークに難あり」と感じている方は、フロアや空中に仮想点を置いてみるとあっけなく上手くいくことがあります。「仮想点に引っ張られる」、あるいは「仮想点を中心点として弧を描く方向にステップする」などの運動イメージは、身体の外とリンクするので、自分の身体全体がひとつになって動く感覚が得やすくなります。対人競技の場合、「右に行こう、左に行こう」の意図はシンプル過ぎて相手にも伝わりやすいのですが、「あの点を中心に円を描いて動こう」の場合はその所作が読みづらくなります。ぜひいろんなパターンで試してほしいと思います。

ボーカル、発声、応援などで、声を遠くに届かせたいとき、あるいは大きな声を響かせたいとき、「腹から声を出せ」と指導されることがあります。腹部を十分に使って発声する、という意味では、とても大切なのですが、「その感覚が掴みづらい人」、逆に「もう十分その感覚を得ている人」もいらっしゃるでしょう。そのような場合、「背中の後ろ30センチの地点Xから声が自分の身体を貫いて目標の地点Yに飛んでいく」という運動イメージを試してもらうことがありますが、この運動イメージでパフォーマンスは結構変わります。ある俳優はこれを「観客全員のエネルギーが私を通過してXに集まり、そこから観客に扇形で戻るイメージ」にアレンジしたら上手くいった、と報告してくれました。パフォーマンス医学がどんどん現場で発展していくのはとても嬉しいですね。

私たちは実際の身体を超えられません。でも運動イメージは身体を軽々と超えられます。ここにパフォーマンス向上の可能性があるように思います。

2-5 「動く」から「動かされる」へ

運動イメージは自由です。身体が長くなってもいいし、身体を超えちゃってもいい。運動自体が、前頭前

自分の「声」が自らの身体を貫いて飛んでいくイメージ

野で想起された運動イメージの具現化ですから「この運動はこのような運動イメージを持たなければならない」という縛りは全く無いのです。(私もボールを遠くまで投げたくて、冥王星まで投げるイメージで投げてみたんです。そしたら肩を痛めました。自由過ぎました)

では次はこんな実験をやってみましょう。中身の入った500〜600㎖ほどのペットボトルをひとつご用意ください。左足を前に、右足を後にして、右手にペットボトルをしっかりもってください。この状態で右のストレートパンチを打ってみます。その時、次の2つのパターンを試してみてください。

A：手に持ったペットボトルを前に突き出してパンチを打ちます。

B：5メートルほど先に大きな木があり、木とペットボトルが強力なゴムバンドで連結しています。そこからペットボトルを右手でグググと引っ張ってきて構えます。ゴムバンドの張力がマックスの状態を全身で感じながら、一気に解放してペットボトルが勢いよくふっ飛んでいくようなイメージでパンチを打ちます。

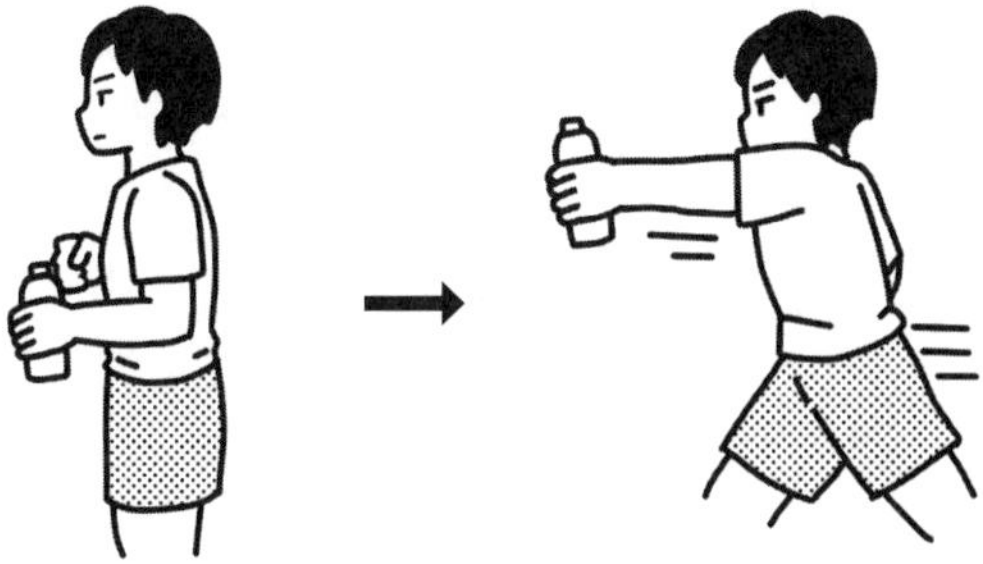

P58運動「A」のイメージ

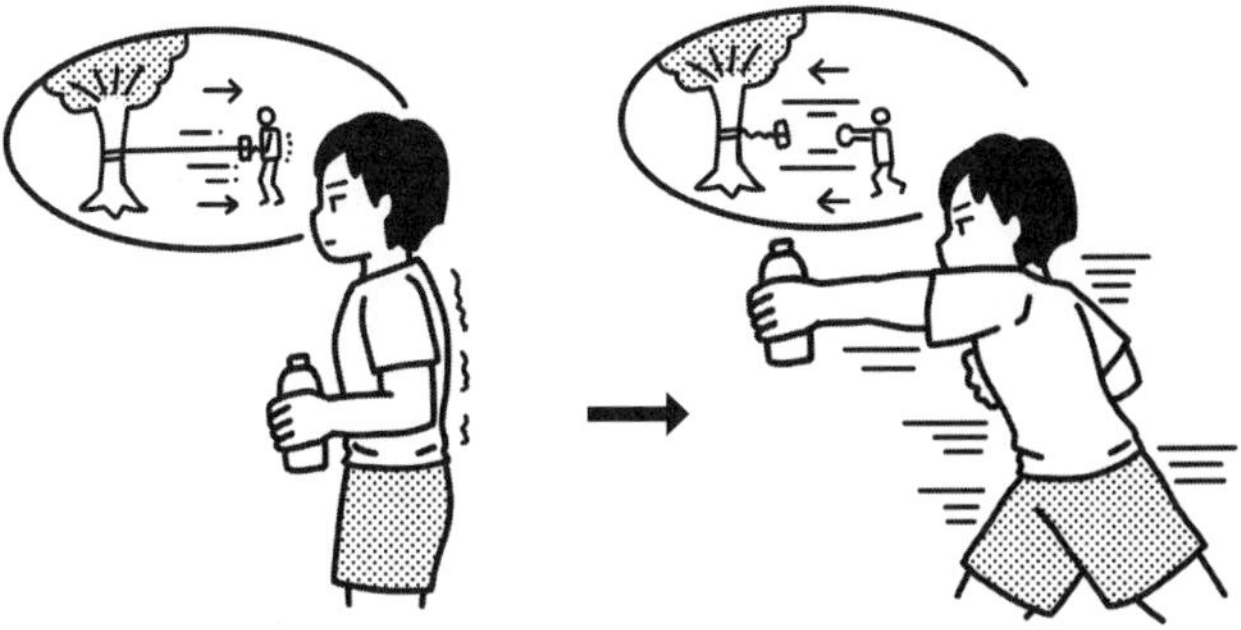

P58運動「B」のイメージ

ここでペットボトルを使用するのは「突きだす感覚」と「ふっ飛んでいく感覚」の違いを感じるためです。AとB、もはやパンチという名前が同じなだけで、ほとんど別の運動だったのではないでしょうか？　Aのパンチと Bのパンチ、その内容を比較してみます。

運動イメージの大きさと動員される筋群

Aはペットボトルを数十センチ前に押し出す運動イメージですから、動員される筋肉は「押し出すのに使う筋群」となります。対するBは5メートル先に木がイメージされ、そこから引いたゴムバンドが勢いよく縮まる運動イメージですから、動員される筋肉は「全身がゴムバンドの張力から解放される際に収縮する筋群」となります。運動イメージはBの方が断然大きく、動員される筋群の量も違います。

引くの効用

Bの「引く」動きは、大きな筋力発揮につながります。筋肉は「ある程度縮んだところからさらに縮む」よりも、「適度に引き伸ばされたところから縮む」ほうが、大きな筋力を発揮できるという性質がありますから、身体全体で引く動きで、今から収縮させる筋群を引き伸ばすことができるのです。

技の正確性とタイミング

Bは運動イメージの時点ですでに「技のコース」が仮想の線としてできていますから、Bでつくっておけばパンチを打つ対象がコース上に乗った瞬間、あるいはコースに乗りそうな状況を脳がとらえやすくなります。「技で相手を追いかける」のではなく、「技のコースに相手を乗せる」ため、技の正確性は格段に上がるでしょう。

スピードの向上

ではスピードはどうでしょうか？　Bは「ペットボトルが前に出ながら、身体全体も前に出る」ため、新幹線（身体全体）の中を進行方向に向かって走る人（ペットボトル）の状態となりスピードは速くなります。（悪い子のみなさん、走っちゃダメです）

主体の変化

この運動イメージの変化の面白いところは、パンチという動きが「A：こちらが出す」

から「B：向こうに引っ張られる」に変わることです。「自分で自分を動かす」ではなく、「ゴールが自分を動かす」になる。主体が変わり、外からの視点で運動イメージを想起することになります。ですから「出す」パンチではなく、「もっていかれるような」「導かれるような」「吸い込まれるような」パンチに変わるでしょう。実際にゴムバンドを使用して練習してみると、その感覚を記憶しやすいでしょう。

ハイプレッシャー下での「焦り」は意識を小さくしてしまいます。焦れば焦るほど、「いっぱいいっぱい」「自分、自分、自分」になりがちです。外とつながり、外から見た自分をどう動かすか。主体の変化は意識の拡大につながるでしょう。

「動く」から「動かされる」へ。ピッチャーの「キャッチャーミットにボールが吸い込まれるような」投球とは？　ラグビーやバスケでの「受け取りやすいパス」、バレーボールでアタッカーが打ちやすいトスとは？　サッカーでの「ゴールに吸い込まれるようなシュート」と「ゴールに蹴り込むシュート」の違いは？　シンガーの「聴衆に届く歌声」、ダンサーの「観客に伝わる」モーションとは？　各スポーツやパフォーマンスへの応用を楽しんでほしいと思います。

2－6　運動の意味を変える

では、運動イメージの変革編、ラストの実験です。プレイヤーは片手を真っ直ぐ正面方向に、地面と平行に伸ばします。パートナーは片手でプレイヤーの手首あたりに手を置いて、プレイヤーの手を押し下げるように力を入れます。プレイヤーは自分の腕を地面と平行の状態を保つようにします。その時、次の2つを試してみましょう。

A：プレイヤーはパートナーに押し下げられないように腕をキープする。

B：プレイヤーはパートナーからの力を感じたら、その力の分、腕が前にどんどん伸びていく。腕が伸びた先に助けたい人がいて、パートナーに押されれば押されるほど、助けたい人に手が近づく。そのようにイメージしながら腕をキープする。

これはBのイメージをもったほうがキープできます。

Aの範囲は「自分」です。パートナーに押される力に負けないように、筋力が発揮されます。これは「対抗」ですね。Bの範囲は「自分、パートナー、助けたい相手」です。パートナーは味方であり、パートナーから加えられる力は、どんどん前の方向に変換されるのを感じるでしょう。

レスリングや相撲でも、「自分が相手を倒す」である必要はありません。相手と組んだ瞬間、自分と相手はひとつの塊になる。相手の肩においた仮想点Xが数センチ後ろのYに下がるように動かす。そのように運動イメージを変えるだけで、あっけなく動くことがあります。相手を相手だと思っている限り実現できない、相手も自分の一部だと認識すると実現できる。

人間の脳と運動って改めてすごいな、と思います。

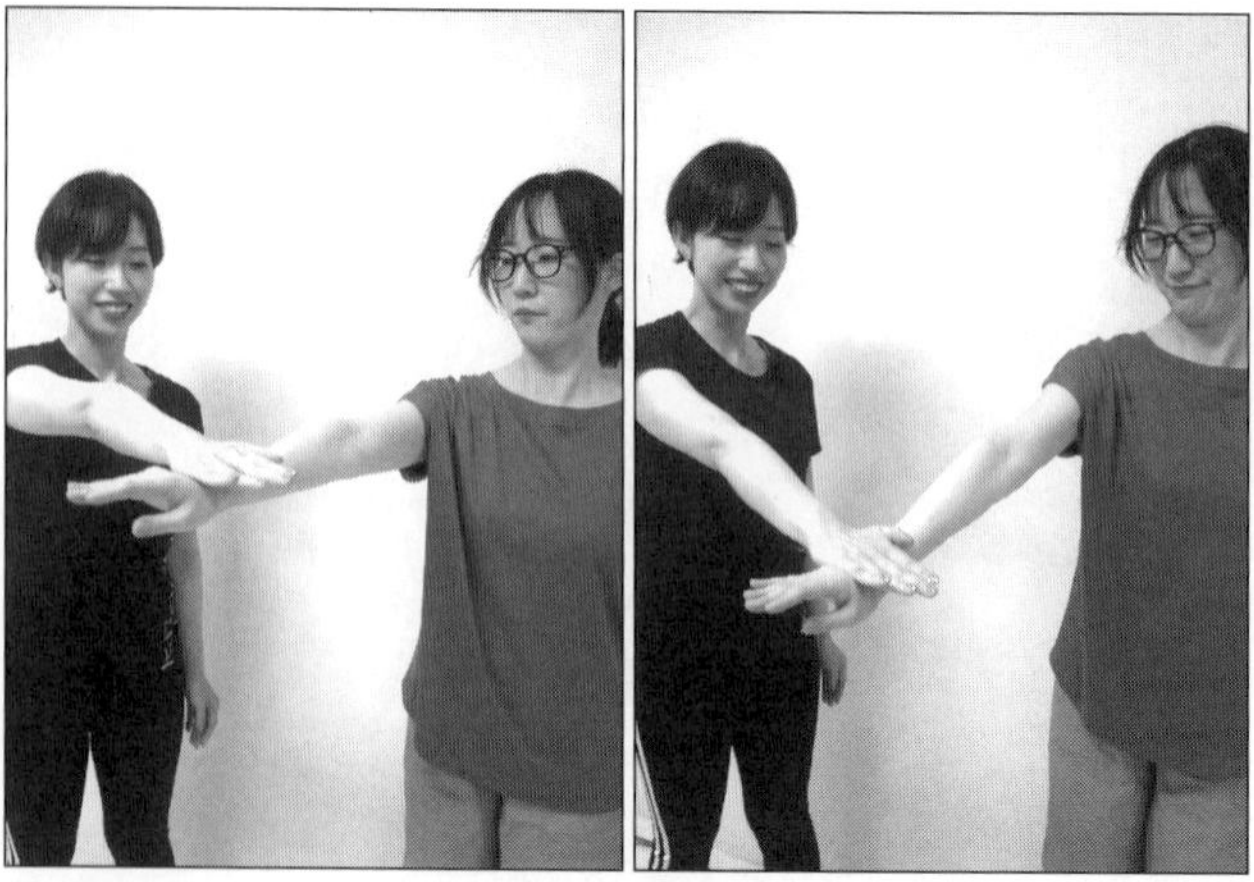

P63運動「B」のイメージ

P63運動「A」のイメージ

パフォーマンスのヒント

3-1　ミラーニューロン

脳には他者のパフォーマンスを視ると活性化する細胞があります。その名は、ミラーニューロン。「自分はその動きをやっていないにもかかわらず、他人の動きを視た時に活性化する神経細胞」のことで、「行動を鏡のようにうつす」ところから名付けられました。「誰かがあくびをしたら、つられて思わず自分もあくびをしてしまう」ことがありますが、これもミラーニューロンがあくびをして、実際の動きにも反映されたと考えられます。ストリートでカッコいいダンスを目にすれば脳もカッコいいダンスを、バスケの試合会場で芸術的なダンクシュートを目にすれば脳もダンクシュートを、ライヴ会場で超絶ギターソロを目の当たりにすれば脳もギターソロを行っている、というわけです。

他者のパフォーマンスを脳にインストールするミラーニューロン。「学ぶ、は〝真似ぶ〟からきた」と言われますが、ミラーニューロンの発見は、この表現を裏付ける科学的根拠だと考えられます。ですから「よく視て学ぶ」は脳機能の面からも理に適った方法です。

〝キング・オブ・ポップ〟と称されるマイケル・ジャクソンは、子供の頃からステージ脇で他のパフォーマーの動きをじっと視てパフォーマンスを学んだ、というエピソードがあり、「世界で最高の教育とは、その道を極めた人の働く姿を見ることだ」と語っています。一流のパフォーマーは、一流の動きのコレクターでもあるのでしょう。

現地に赴く、ライヴや公演を体験する、優れたパフォーマーの手ほどきを受ける、場に飛び込むなど、「全身で浴するリアル体験」は、これからの時代ますます大きなパフォーマンスの差となるでしょう。

3-2 サッ、ズバッ、スコーン

「勉強はできるけど、スポーツは全然ダメなんです」「朝から夜まで野球ばっかり、あの情熱を少しでも勉強に向けてくれないかな」なんて会話が聞かれることがあります。たしかに何かを学び、身に付ける、という意味では、いわゆる勉強も、スポーツやパフォーマンスなどの運動も、人の能力や可能性を拡大していく行為です。その一方で、学習における違いもあります。その根底にあるのは「言語化できる／できない」の差です。

「あの緑の、ほら、オレんちの裏側にある、夏になるとでっかいクワガタが捕れる、でも、ときどきマムシも出たりしておっかない、ほら、坂道だらけの、あれ」みたいな長い説明は「山」でいいわけでして、その前に私は「オレんち」の場所を知りません。「山」という言葉から想起される山は人それぞれだとしても、「こういうのを山という」という最大公約数な概念は少なくとも共有されています。また違う山を見ても「山」だとわかります。このように言語は、応用可能な約束ごととして機能しています。「言語化できる」とは「共有できる」なのです。

運動はかなり性質が異なります。運動はまず言語化ができません。ホームランの打ち方を「サッとボールを視て、バットでズバッととらえれば、スコーンと場外まで飛んでいく」と説明されたとして、なんかリズミカルな感じは伝わってくるものの、それを発しているのは「スコーンと場外まで打球を飛ばせるスキルのある人」です。身体、構え方、視ている景色、積み上げた経験値はみんな違うので、「サッ」「ズバッ」「スコーン」に込められた運動は他者とは共有できません。初めてバットをもった人が自身なさげにバッターボックスに立って「ズバッ」と打っても、同じ運動が出てくることはないのです。ですから圧が強めの指導者に「こうやって、こうやれば、こうなるだろ!」と言われたとして、「あの、もってる材料が違うんで、僕の場合はそうならないんです」という返答は、基本的に正解となるわけです。

このように「言語化できない学習」は常に肉体性を伴うため、「共有できない」のです。そして言語化できないものは、そのレベルが向上すればするほど、「その人にしかできない」オリジナリティを帯びます。「言語化できる/できない」とは、「人から切り離せる/切り離せない」に近いともいえるでしょう。

3-3 言語化できる学習/言語化できない学習

それでは「言語化できる学習」と「言語化できない学習」には、その習得の過程においてどのような違いがあるでしょうか?

意識できる、意識できない(顕在意識、潜在意識)

言語化できる学習は、記憶するときに顕在意識でとらえることができます。「何もせずに

2次方程式を理解した」「朝起きたら突然、安土桃山時代に異常に詳しくなっていた」「一度も観たことない映画のセリフを全て暗記していた」ということが無いように、どこかで、情報に触れる、情報に向かう、内容を理解する、記憶する、そういった瞬間があります。

これに対し、言語化できない学習は、「潜在意識下で進むため顕在意識で捉えにくい」という特徴があります。初めて自転車に乗ったとき、最初は全身ガチガチに緊張した状態で、動きもぎこちなかったと思いますが、それでも乗り続けていると、無駄な力が抜けていたり、スピードが速くなっていたりします。スマホやPCの操作でも、車の運転でも、調理器具を使っての料理でも、スポーツの技術や楽器の演奏技術でも、やっているうちに「いつの間にかできるようになっていた」感覚を伴います。

正しさの足し算、余計の引き算（長期増強、長期抑制）

「言語化できる学習」は、脳では長期増強と呼ばれるシステムが働いていると考えられています。長期増強においてはニューロン同士が近接しているシナプスで、神経伝達物質が放出された際にそれを受け取る「受容体」の数が増えます。受容体が増えれば、情報伝達はより早く、スムーズになります。ですから繰り返せば繰り返すほど、より強固なネットワークが形成されるわけですね。1＋1＝2が理解できれば、1＋2（＝1＋1＋1）＝3に到達できるように、正しさを足し算で積み上げるのが言語化できる学習です。

一方、「言語化できない学習」は長期抑制というシステムで行われると考えられています。言語化できない学習とは、目的の運動を邪魔する運動指令を減らしていく作業です。長期抑制では、シナプスにおいて「受容体」の数が減り、シナプス間の伝達が少なくなっていきます。石や氷柱から彫刻を取り出すように、余計な動きの引き算でシンプルにするのが言語化できない学習です。

3－4　小脳は修正する

運動に代表される「言語化できない学習」の過程で大活躍するのが小脳です。小脳は潜在意識下で、以下を比較します。

1：運動イメージを基に、小脳に直接入力された運動計画の情報

2：実際に遂行された運動の身体からの情報

前頭前野で想起された運動イメージを実際に筋に出力してみると、転倒したり、ふらついたり、力み過ぎでブレたり、狙った軌道からズレたりします。いわゆる「思い通りの動きにならない」っていうやつですね。小脳はこれら1と2、つまり意図的な運動の「意図」と「運動」を比較して、間違った動きをした筋肉に対して運動の指令を出した神経の働きを抑制します。運動は「失敗ありき」で向上していく。ここは非常に重要なポイントです。小脳は邪魔する指令を抑制したいわけですから「少ない回数ですぐにマスターしてしまうセンスの塊」よりも「私は不器用だから数を重ねるしかないと考えている人」のほうが、技術的な高みに至る可能性がありそうですね。

小脳の修正には「時間」が必要です。ジョンズ・ホプキンズ大学（アメリカ）のシャドメア博士らは、「目標に向かって腕を伸ばすときに邪魔する力が加わっても、動きを修正して腕を伸ばす」という実験を行いました。その際、「4秒の休み」を入れた場合と「14秒の休み」を入れた場合を比較し、14秒の群のほうが早く上達した、という実験結果を得まし

た。（これは14秒がベストという意味ではなく、4秒より14秒のほうが効果的だったという意味です）

「上手くなるには、とにかく回数を積み重ねなければ」と考えてしまうと、修正する時間がないまま、次の回の運動をやってしまうことになります。そうならないように「小脳に時間を与える」を忘れずにおきたいところです。

一流のアスリートやパフォーマーたちが、鏡の前でフォームの習得に十分な時間をかけるのも、小脳による修正という意味で実に理に適った行為ということになります。前述のマイケル・ジャクソンは来日時、宿泊先のホテルの部屋の鏡の前に水溜りができるほど、フォームチェックを繰り返したそうです。

前頭前野における運動イメージからスタートした意図的な運動は、回数を重ねるごとによりシンプルに、滑らかに、巧みに、スムーズになっていきます。そうやって完成した運動のプログラムは「運動モデル」として小脳にコピーされると考えられています。いったん運動モデルがコピーされると、「ここをこうやって、そこはこう動かして」といった手順を意識せずに、「気がついたら勝手に動いていた」「何も考えずに反応していた」「身体に完全にまかせて動けた」といった感じで、潜在意識下で運動を遂行できるようになります。小脳に任せる。身体に任せる。その領域に至るための3つの要素、失敗、修正、時間。パフォーマンス向上を目指す皆さんと共有しておきたい背景です。

3-5 脳は比較で理解する

ちょうどいい温度の部屋があるとしましょう。暑いところからその部屋に入れば涼しさを、寒いところから入れば暖かさを感じるでしょう。私たちが感じる「ちょうどいい温度」は、「暑い」と「寒い」の間にある、「暑くもなく寒くもない範囲の温度」のことです。

色、もそうですね。ホワイトの背景にグレーの色は随分と暗く感じますし、ブラックの背景にグレーの色は明るく感じられます。これらの比較によって、グレーはホワイトとブラックの間にある色であることがわかります。温度も、色も、比較によって全体と共に認識できるというわけです。

脳は比較で理解する。これを知っておくとパフォーマンスが変わります。早速、シンプルに右手（あるいは左手）を強く握って硬くする、というのをやってみましょう。

A：右手をグーの形に、思いっ切り強く、硬く握る。
B：右手をグーの形に、石のように強く、硬く握る。

さてAとB、どちらの方が強く、硬く握れたでしょうか？おそらくBのほうだと思います。Bの「石のように」の情報によって、脳は記憶のネットワークに保存されている「石の硬さ」と、「握っている時点での手の硬さ」を比較します。比較した結果、その差を埋めるように「まだまだ石の硬さじゃないな、もっと石に近づけねば」と思いながら運動するのがBになります。Aは目指す硬さがわからないまま運動しているので、比較が無く、差もありません。手が石の硬さになるはずがないのですが、石というゴール（理想）を想定することにより、運動イメージがより明確になり、出力される運動のレベルも上がるというわけです。

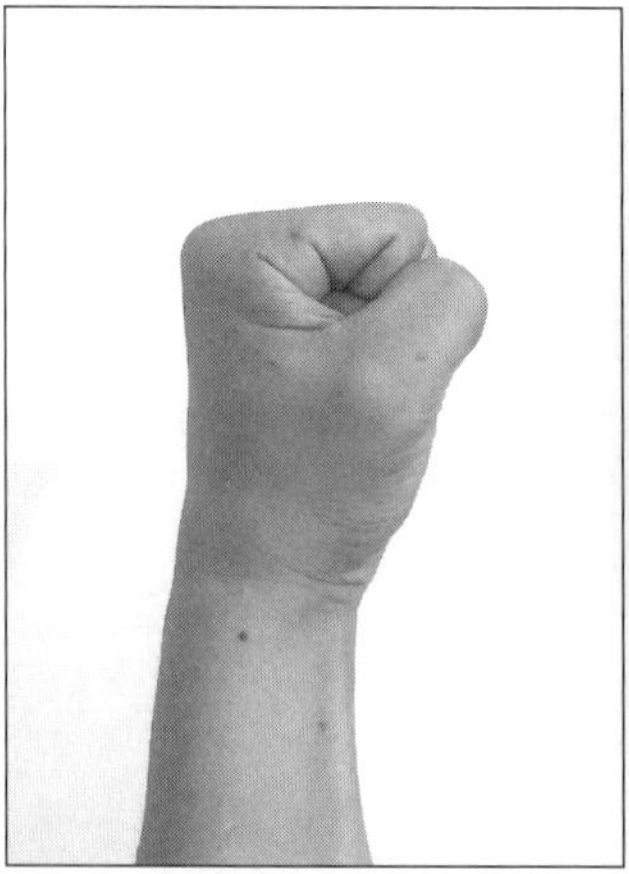
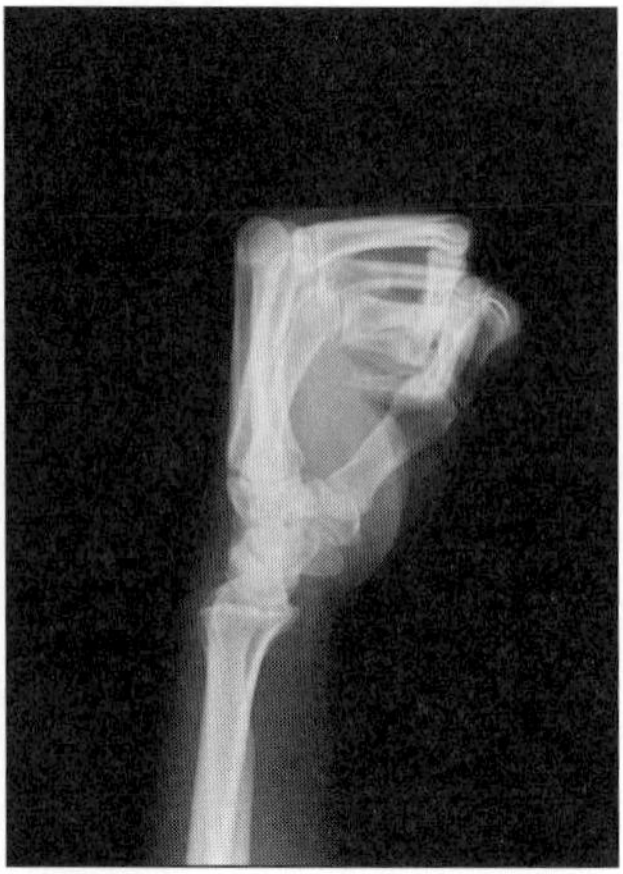
グーの形にした実際の手の写真（左）とレントゲン（右）

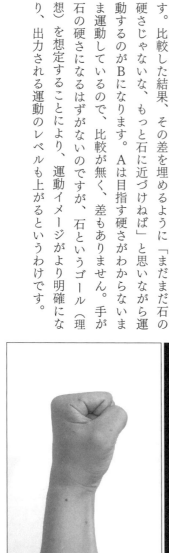

柔らかく流れるように動きたい場合は、「もっと柔らかく」ではなく「身体全体をタコのようにグニャグニャと動く」あるいは、「水のように変幻自在に動く」といった模範をつくっておくと、「あ、ここがまだ硬いかも」「今のは流れるように動けた」「タコの動きを動画で確認してみよう」など、模範の動きと、現実の動きの差を感じながら動くことができます。

お手本となる師や、憧れのロールモデルを内在させる、というのもパフォーマンス向上にとって有効な方法です。「手を石のように硬くする」もある種のモノマネで、人間はおそらく、あらゆる生物の中で、「〜のように」が得意です。ちなみに私は試合の時、「一瞬、自分のヒーローに変身する」というのをやっていました。「ここを一気に攻めれば勝てる」という局面では、(自分ではなく) ヒーローが憑依したように猛然とラッシュする。苦しい場面では「どんな時もあきらめない憧れの先輩」のブレなさをイメージして動く。もちろんずっとはできませんが、ほんの短時間なら「憧れのように」も動けること、流れも変えられること学びました。

脳内にあるファンタジー、肉体で現出するリアル。これらの使い方も面白いところです。

3-6　動かさない練習

「動かさない練習」はとても大切です。早速やってみましょう。

「右の手のひらを上にして、握った左手でポンと手を打つ」をやってみましょう。スタートの点（左手があるところ）をX、ゴールの点（右の手のひら）をYとします。

A：XからYまで1回、強く振り下ろす。

B：1、2、3、4回は振り下ろさずに、強く振り下ろしたイメージだけを行い、5回めに強く振り下ろす。

AとB、スピード、パワーともに上回ったのはおそらくBでしょう。

Aは、一次運動野から運動の指令が出て、動かす筋肉群がそのまま収縮します。Bの場合、1回目から4回目までは、動いているイメージをしているにもかかわらず「身体は動かさない」わけですから、「一次運動野からの運動指令が抑制される」ことになります。これは「今からやりたい動きにブレーキがかかっている状態」なのですが、このような場合

「一次運動野以外の運動に関するエリアが強く活性化する」ことがわかっています。ですから1回目から4回目までで、通常よりも一次運動野以外のエリアが強く活性化した状態をつくることができます。そうやって準備しておいて、5回目でブレーキを外すと、1回目からそれをやるよりも大きな電流が生じ、ハイパフォーマンスが発揮されるというわけです。

- 身体を動かさずに投球をしたときの身体の動かし方をイメージする。そのあとに投球してみる。
- 楽器を持たず、でも演奏している感覚を克明に再現する。そのあとに楽器を持ってみる。
- 歌っていないけど、脳の中では思いっ切り歌っている。そのあとに歌ってみる。
- 技を出していないけど、イメージの中ではめいっぱい技を出している。そのあとに技を出してみる。
- 奇数回を「動かさない練習」、偶数回を「動かす練習」として、交互に行い運動イメージと、実際の運動を修正していく。

……などなど「動かさない練習」での、「一次運動野以外を活性化し、その後にブレーキを外した状態の動きを記憶する」という方法は非常に応用範囲が広いです。動かしたいアクセルを100踏み込んでいるのに、動かさないブレーキも100踏み込んで、均衡を保つような感じです。

19歳のときに30種類近くの楽器をたった一人で演奏したアルバムでデビュー、ワンステージのギャラがエンターテインメント史上最高額2億円に達したミュージシャン、プリンス。彼はスタジオに入る前には既に頭の中で演奏が完成していて、楽器を手にした時には全く新しい曲を次々と録音することがありました。外見上、何もしていないように見える「動かさない練習」は、脳の可能性を拡大する練習なのかもしれません。

3-7 数え方、終わり方

「いまからシュート練習連続70本!」
「コンクールの課題曲を今から10回やります」

そこから練習やリハーサルを始めてしまうと「70本シュートが打てるように」「10回歌え

るように」と脳は勝手に運動強度を計算してしまいます。これが70本、10回をやること自体が目的ならば全く問題ないわけですが、パフォーマンス向上が目的の場合、「数をこなそう」とすると、「いい感じ」と「いまいち」が混在した上、修正が行われないまま進んでしまいますから、脳のネットワークが「いまいち」も記憶し続けてしまうことになります。

このような気づかないうちにマイナスの意味で、脳が勝手に計算できないように「すべてを1でカウントする」という方法があります。1をやって、修正して、また1をやって、修正して、また1をやる。この方法だと「やる度にいい感じに近づく」記憶が保存されやすくなります。1回、1回、フレッシュな気持ちで取り組めるので、「惰性」を排除しやすいですし。もし合計数を知りたいのであれば、誰かにカウントしてもらうか、スマホなどで動画や音声で記録し、後で確認するという方法がとれます。

そしてもうひとつ重要なのは「練習の終わり方」です。「いい感じに動けた記憶」を脳のニューロン同士のネットワークに刻印するには、「いい感じ」で終わる必要があります。いいシュートで終われば、いいシュートの時の骨や筋、腱など運動器からの情報、心臓の鼓動や呼吸などの状態、雰囲気やシチュエーションなどの外的状況、その時の内的な会話などがセットになって記憶されます。
せっかく「いい感じ」を得たのに回数をこなすことに意識が向いてしまうと、「いい感じ」のあとに「全然よくない」が上書きされてしまう可能性があります。(ひとりに会ったなら誰に会ったか覚えていますが、立て続けに鎌倉で13人に会ったら4番目は誰だったか覚えていられないようなものです)
最後の記憶は、脳にとっては最新の記憶になりますから、「あ、いい感じでできた！　よし、ここらへんで終わろう」のジャッジが上手くいき、それが実行できる、できる記憶が蓄積されやすくなります。アスリートやパフォーマーの練習や稽古において、私は「練習の終わり方」には十分配慮しています。仮に動きがサイアクであっても、少しでも浮上して終われば、サイアクから浮上した時の記憶が刻まれるからです。本番はいつもいいコンディションとは限りませんし、どんなアクシデントやハプニングが勃発するかわかりません。そのような時こそ、「サイアクからなんとかした練習の時間と記憶」が生きてくるのだと思います。

継続力、持続力を目的としたときには「70本やる、10回やる」のやり抜く意志は絶対的に大切です。ですが、パフォーマンス向上を目的とした場合は、どこでいい感じが来るかはわかりません。ですから「70本数えるけど、いい感じで終えてOK」というようなアレンジもひとつの方法だと思います。

3-8 得意、不得意

「右は上手くできるんだけど、左が……」「反対側も同じレベルになれば、随分楽に動けるのになぁ……」右も左も使う運動では、左右差はやはり気になるものです。そこで「あえて利き手ではない方で、好きな言葉を書く」というのを試みてみましょう。好きな曲のタイトルでもいいですし、気に入っている名言などでも大丈夫です。

A：いきなり利き手ではない方で、書いてみる。
B：利き手で何度か書いて、慣れてきたら間髪を容れずに利き手ではないほうにペンを持ち換えて書いてみる。

この両方を試してみてほしいのです。

いかがでしたか？　おそらく「Bの方が上手く書けた」あるいは「下手なりにBのほうがまだマシ」という結果になったと思います。これは脳血管障害のリハビリでも行われている手法なのですが、「できる側を何度もやって、同じ運動イメージをできない側にも適応する」ことで、麻痺側の機能向上を狙います。Bで「間髪を容れずに」と書いたのは、「利き手じゃないから上手くいかないかも……」という思念が浮かぶ時間をゼロにするためです。

スポーツ技術や演奏スキルなどでも「不得意側だけに長い時間をかける」よりも「得意側→不得意側→得意側」にアレンジするほうが、上達への近道となります。これは手だけではなく、足による技、全身を使った運動にも応用可能ですから、左右両方の技術を高めたいパフォーマーにはぜひ試していただきたい内容です。

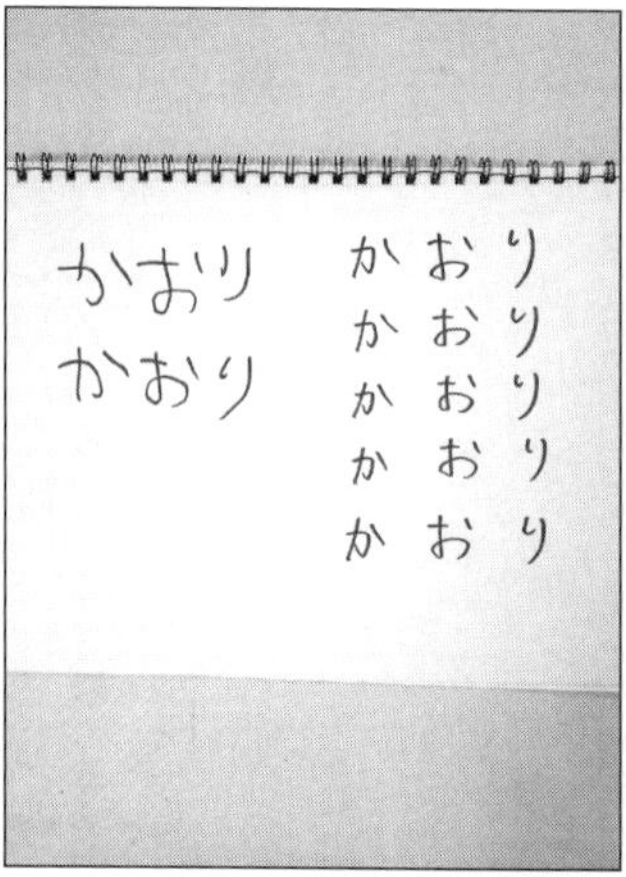

左下の「かおり」がP81運動「B」の文字

P81運動「A」「B」のイメージ

3-9 パフォーマンスと練習

パフォーマンス向上の秘訣は練習にあります。もちろん本番でどんどん気づいて、どんどん学んで、どんどんできるようになることもあります。そういう意味では本番こそ最高の練習とも言えますが、より高いレベルを求めている人で「練習がなおざりな人」に会ったことがありません。

同じ練習時間、同じ練習量でも人によって大きく差がついてしまいます。それを「センス」という言葉に押し込めることがありますが、そこはパフォーマンス医学。あらためて練習について考察してみたいと思います。共有しておきたいのは「いろんな練習がある」という事実です。時にそれらは相互補完的だったりしますが、方向性を主軸に練習を見つめてみましょう。

得意をさらに磨く練習と、不得意に向き合う練習

これは真逆です。得意で不得意をカバーできる場合もあれば、不得意を何とかしなければどうしようもない場合もあります。不得意がある程度形になれば、ますます得意が生きることもありますし、得意に依存してしまって全体的な実力が落ち込む場合もあります。

特に不得意に向き合う練習は気分的にもあまり楽しいものではなく、できない自分に直面せざるを得ません。不得意ですから当然、簡単に克服できるものではありません。このあたりの取捨選択やジャッジは本当に難しいです。

時間的に余裕がある時の練習と、差し迫った時期の練習

これもかなり違います。時間が十分にあれば、自分の技術をゼロから再構築したり、スタイルをリニューアルしたり、新しい技術をマスターしたり、などなど実験しながら進むことができます。しかし本番や試合まで時間がない場合、「とりあえず今ある材料でなんとか料理を成り立たせる」場合もあります。いわゆる帳尻合わせで及第点のパフォーマンスはできるものの、実力としては平行線あるいは徐々に下降線、ということも。相撲の世界で言われる「3年先の稽古」つまり長期で見た場合は大きな差がつくけれど、短期では全く効果が感じられない稽古があります。熟成されたワインのように「時間」が重要な構成要素になっているんですね。ですから「今、行っている練習はいつ生きるか？（生かすつもりか？）」という視点は有効だと思います。「ずっとそれをやっていく」のと「3年で引退するつもり」では正解は異なりますし、「1日の中で十分に練習できる時間がある人」と、

「時間の確保自体が簡単じゃない人」によっても解は違ってくるはずです。

武器をつくる練習と、武器を使う練習

これも全く別の話になります。「刀をつくるのと、刀を使うのは違う」ってことは簡単にわかるのに、武器をつくる練習は地味なので「この武器が完成すれば使える、勝てる」とつい思いこみたくなるものです。結果、使う練習の割合がガクッと減ってしまい、技はできるようになったけど使えない、という状態に陥ることも。400戦無敗と言われた伝説の格闘家、ヒクソン・グレイシーは、最終的な決め技の種類はそんなに多くない選手でしたが、そこに至るまでの技術が多彩で、対戦相手はいつの間にか「極められて負ける」のコースに引きずり込まれているような戦い方でした。

自分のキャパシティを拡大する練習と、スタミナや技術をロスなく使う練習

これらも真逆の方向性です。キャパを拡大するには、スタミナを使い切る、技術を全て出し切る、などオールアウトが必要です。ですが、キャパを上げる練習ばかりしていると、スタミナの使い方は下手になってしまいます。チャンスまで動きながら待つ、などの練習

をしていく必要があります。

このように、練習にはいろいろあります。どの面を伸ばすのか？　ジェネラリストで行くか？　それともスペシャリストでいくか？　強烈な個性を目指すか？　カメレオンのような七変化を目指すか？　やはり練習を考える上で大切なのは、「どうなりたいか」から現在を見直す作業でしょう。

ゴール：どうなりたいのか？
現在地：現状はどうなのか？

この2つを明確にして、ゴール側から現在地を眺めてみる。「なりたい自分」は現在ではなくて未来にいるわけですから、向こうからこっちをみれば、「やるべき練習」が見えてくると思います。いつの間にか「この練習をやれば上手くいく」にひっくり返ってしまったり、「やって当たり前だから」と練習を検証しなくなり惰性で続けてしまったり、「これはうちの伝統だから」みたいな思考停止に陥ったり、そういう落とし穴がたくさんあって（私自身何度も落っこちてきたので）同じ轍を踏んで欲しくない、と思い、練習について記してみました。

3-10　限界的練習

ある程度、経験を重ね、場数を踏んでしまうと「なんとかしてしまうスキル」も伸びていきます。これはこれで意味のあることですが「なんとかしてしまうスキルが上がって、ベースの実力は上がっていない」ということはよくあります。いまある貯金や得意パターンだけで及第点が出てしまうので、停滞に無自覚になってしまうのです。自分の弱点や課題は手つかずのままだったり、新たなパターンを構築していなかったり、武器が増えていなかったり……。停滞はゆるやかな下降線を描きますから、なかなか自覚できないんですね。

そこで、さらなるレベルアップを目指すみなさんに共有しておきたい概念、それが『限界的練習』です。これはフロリダ州立大学心理学部のアンダース・エリクソン教授が提唱したもので、限界的練習の目標は才能を創り出すこと。才能を創るには、限界を少し超える負荷を与え続け、コンフォート・ゾーン（居心地の良い領域）から飛び出すことが必要だと説かれています。限界的練習は「苦しさ」という形で表れます。人間は基本的に苦しさから身を遠ざけたい生き物ですから、苦しさを避けるようにプログラミングされています。ですから自ら望んで練習に身を投じて「苦しさ」を感じるのは限界的練習で「新しい領域」に突入している証拠です。

私たちの脳は「新しい」に触れると、「新しい」に可能性を見つけようとして行動的になることがわかっています。「新しいに何かがある」というよりも、脳が新しさに触れると「何かあるんじゃないか?」のサーチモードになるんですね。ルーチン、慣れたこと、手堅いこと、これらを思い切って手放すことで脳は「意欲」を手に入れるというわけです。

第2章 身体のおもしろさ

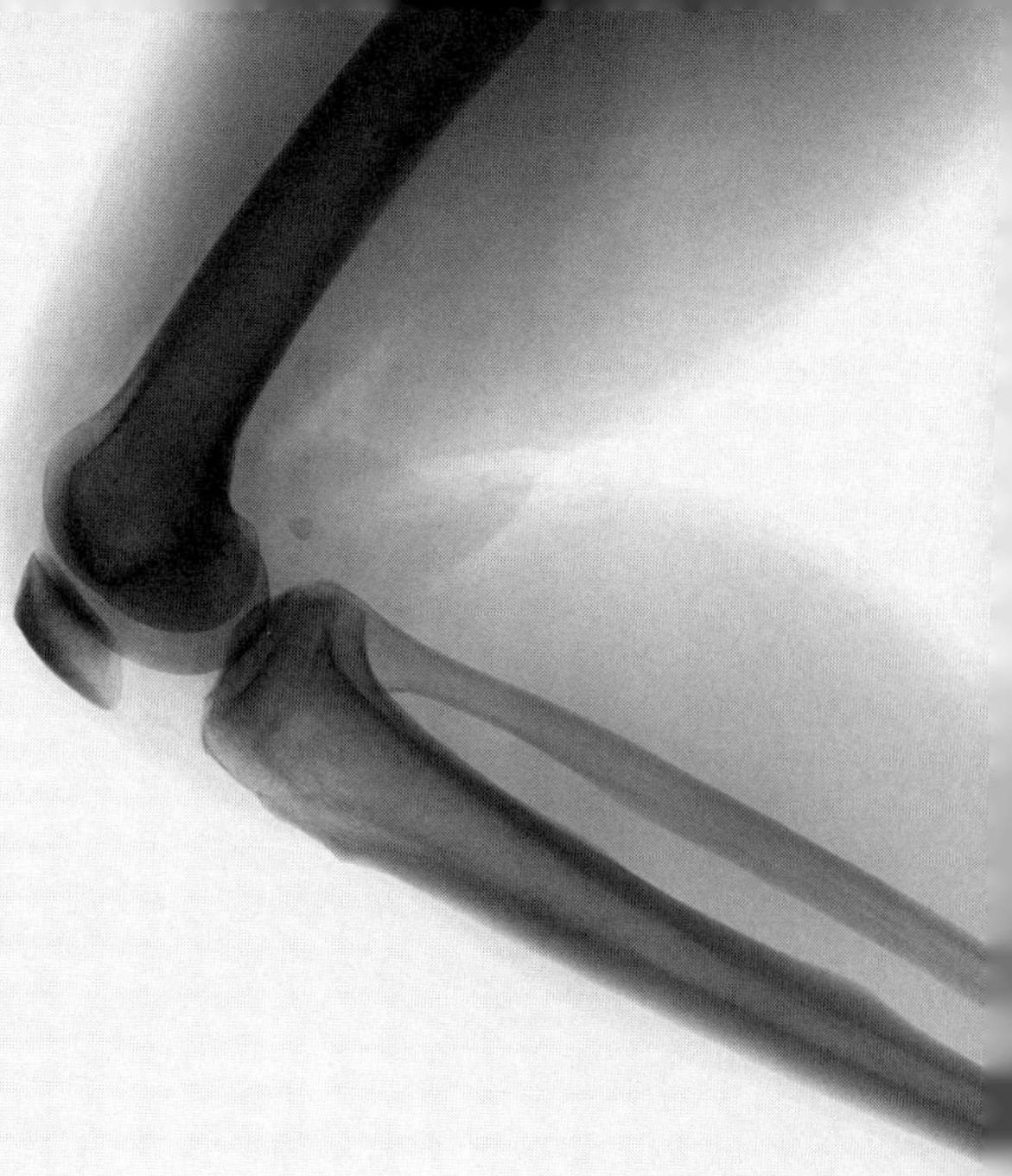

「視る」とパフォーマンス

第1章では、脳と身体をつなぐ「運動」に着目しながら、『パフォーマンス医学』を実践する上でベースとなる医学的背景を共有しました。これらを前提として、第2章ではいよいよ「視る」「呼吸する」「筋肉を動かす」「重力を感じる」など、より身体的、具体的な側面からパフォーマンスを紐解いて参ります。知れば、何かが変わります。

視る‐01　生存戦略の後継者

「視る」はパフォーマンスに大きな影響を及ぼします。それもそのはず、私たちは視機能を高度に発達させてきた種族の末裔であり、ある意味、最終進化形だからです。

地球に最初の生命である、原始海洋微生物が誕生したのが39億5000万年前。10億年前にナマコやクラゲのような多細胞生物が出現しました。でもまだこの時代の生物は「眼」をもっていませんでした。約5億4千万年前から5億年前頃、「カンブリア大爆発」と呼ばれる生物学史上最大のビッグバンが起きたと考えられています。生物の種類が多様化し、現生生物の祖先が誕生した時代、遂に「眼をもった生物」が出現したのです。(新発見によって学問は書き換えられる、という前提はありますが)現在のところ、三葉虫《さんようちゅう》が眼をもった最初の生物だとされています。こうなったら敬意を込めて三葉虫先輩と呼んだ方がいいくらいです。

カンブリア大爆発以降、眼をもった生き物たちは地球生命体の中のメジャーになります。もちろん眼をもたない種、眼が退化した種もいますが、ミツバチ、クワガタ、ブラックバス、トビウオ、タツノオトシゴ、シーラカンス、フナムシ、カタツムリ、アマガエル、キツネ、シマウマ、クジラ、ツバメ、ステゴサウルス、プテラノドン、サーベルタイガー、マンモス……「生物」という括りで新旧思いつく限りの種類を列挙してみれば、そのリストは眼をもつ生物が大半を占めることになるでしょう。

視機能を有するとは

1：まだ十分な距離がある段階で天敵を見つけられる。
2：餌や食料を視覚でとらえ、捕獲・採集できる。
3：生物的に優れた個体(栄養状態のよい相手)と共に種族を残すことができる。

など、過酷な自然淘汰に対して圧倒的なアドバンテージがある、ということになります。
現存する生物の中で最も大きな眼球をもつのは、深海に生きるダイオウホウズキイカで、その眼球のサイズはサッカーボールほどです。その大きな受信機で、天敵であるマッコウクジラが泳いだ際に発光する微生物の光を遠くから感知し、マッコウクジラとの接触を避けるのです。逆に、眼をもっていたのに退化した種もいます。ブラインドケーブ・カラシンという魚は暗い洞窟の中に住んでいるのですが、光が無い環境では、視覚的に餌となる食料を捉えることができません。またそのような環境ではブラインドケーブ・カラシンを餌にして食べようとする天敵も存在しません。事実上、水中洞窟内の食物連鎖の頂点に君臨しているため、眼が必要ないのです。自然は案外合理的で、もともとあった眼も生きる環境によって退化させ、視覚によらない生存の能力を高める方向で進化してきました。

私たち人間は、「眼」を発達させてサバイヴしてきた優秀な先輩たちの後継者です。ここでは生存戦略の証である「眼」そして「視る」をテーマにパフォーマンス向上のヒントを探してみたいと思います。

視る－02　「視る」とは

では「視る」とはどういうことでしょう？　旧約聖書の創世記に神が言ったとされる「光あれ」の言葉があります。その言葉通り、太陽光があって、その光刺激に対応した器官として進化・発達を遂げてきた器官、それが私たちの「眼」です。光が無ければ形も色も認識できないように、眼は光あっての器官なのです。

光の存在

「視る」は光が眼に飛び込むところからスタートします。「光の正体は何か？」これまでニュートン、アインシュタインまで、歴代の学者たちが実験に実験を重ねた結果、現代物理学において、光の正体は「粒子の性質と電磁波の性質をもった素粒子である光子（フォトン）である」と考えられています。シンプルにいうと、光も物体なのです。

粒であり波でもある光子（フォトン）は、眼に入ると、眼球の後ろ側にあるスクリーンのような場所、網膜《もうまく》に到達します。網膜はわずか0・2〜0・3㎜の薄さですが、ひとつの眼の網膜には1億個を超える「視細胞」が存在します。視細胞は光による物理信号を、電気信号にする変換器としての役割を担っています。神経伝達は「電気信号」によってのみ行われるため、変換された電気信号は神経を通じて、脳の後ろ側にある視覚野《しかくや》に伝達され、そこで情報処理されて色や形を伴った「像」として認識されます。ちなみに私たちが普段聴いている外部の音も、空気中では空気の振動、水中では水の振動として伝わり、物理信号が電気信号に変換されて、聴覚野で「音」として感じられます。真空状態では音が全く伝わらないように、光子が眼に届かなければ何も「像」は視えない（色も形も認識されない）ということになります。

色と形

ここで、色と形について考えてみましょう。シンプルに言ってしまえば、色も光の波長の脳内変換です。太陽光は無数の波長の光の集合体であり、私たちには白に感じられます。太陽といえば、赤やオレンジ、黄色のイメージがありますが、それらはあくまでも「地球から見た朝日や夕日の状態」であって、宇宙空間で撮影した太陽の光は限りなく真っ白です。

逆に光が少ない場合は、どんどん黒に近づいて感じられます。宇宙空間にあるブラックホールは、物質である光子も脱出できないほど、高密度で強い重力があるため限りなくブラックなのです。厚手のアイマスクで目隠ししたら何も視えないのは、光が眼に到達しないから。かなり薄いハンカチで目隠ししても向こうがなんとなく透けて視えるのは、光が薄いハンカチを透過して眼に到達するから。暗い夜に川の近くを飛ぶ蛍の光が視えるのは、発光による光が眼に届いているからです。

そして光は物体にぶつかると「吸収」「透過」「反射」「散乱」など、いろんな反応を起こします。物体は、いろんな波長の光を吸収し、一定の波長を反射します。その光の反射を私たちの眼が受け取り、脳内で色と形を感じています。たとえば目の前に「赤いリンゴ」があるとします。

赤いリンゴとは、

A：人間の脳には赤として認識される波長（640〜770㎚）を反射し、
B：それ以外の可視的な波長を吸収する物体

ということになります。赤いリンゴの正体は「物体が反射した赤と認識される波長の光」

を脳が処理したものだったのです。

人間は「光と闇の世界」に生きていて、それぞれの脳で光の情報に「色」や「形」を与えている。白はいろんな光の集合体であり、黒は光が無い時に脳が認識する黒い世界である。ある物体は、ある物体に反射した光が眼に入り、視覚野で認識された像である。私たちは目の前の景色を脳で再構築した景色を視ている。「視る」の原理から考えると、そのように言えるかもしれません。

視る－03　大きい？　小さい？　①

「視ている」のは脳である、を確認したところで、ちょっとした質問&実験です。あなたの手は大きいでしょうか？　それとも小さいでしょうか？　右でも左でもいいので、手のひらを顔のほうに向けて、手のひらを次の2つの方法で視てみましょう。

A：手のひらの真ん中の一点を視る↓手のひら全体を視る
B：今いる場所全体の風景を視る↓手のひら全体を視る

さて、手のひらはどのように視えたでしょうか？　Aでは手のひらは「大きく」感じられ、Bでは手のひらは「小さく」感じられたと思います。最終的に視ているものは「手のひら全体」ですから、絶対的なサイズに変わりはないはずですが、視え方は変わってきます。Aの時、「視野を拡大する方向に」眼は動き、調節されます。脳は、この運動の記憶と視えた結果を組み合わせて、手のひら全体を理解しようとします。Bの時は逆です。脳は「視野を縮小する方向の運動」と「風景から手のひらに変わる視覚情報」で手のひら全体を脳で認識します。言葉遊びのようですが、「大きく視ようとする運動が伴えば大きく視える」「小さく視ようとする運動が伴えば小さく視える」というわけですね。

この原理原則はいろんな応用が可能です。

たとえば、ステージや舞台上でガチガチに緊張してしまう場合。客席のひとりひとりの顔を視てしまうと、観客席全体はとても大きく感じられてしまいます。「あ、緊張してるな」と感じたら、観客全体よりもさらに広い範囲、会場全体を端から端まで視界に収め、そのあと観客全体を視るようにすると、全体が小さく感じられるでしょう。

私は立場上、「緊張するんですが、どうすればいいでしょう?」と聞かれることがあるのですが、一流選手でも緊張はします。その日のために入念に準備してきて、その日が大きな勝負所であるならば、どんなにキャリアを重ねても、あるいはレベルが上がっても、大なり小なり緊張はします。問題は「緊張してフリーズしてしまう」か、それとも「緊張しながらもなんとか動ける」か。分岐点はここです。「大きく視て小さく視る」「視る範囲を変える」も運動のひとつですから、「緊張してもできることがある」と知っておくだけでもレスキューになるのではないでしょうか。脳に入力される視覚情報が変われば、脳は動き出したことを感知しますから、フリーズ状態から脱する一歩となるでしょう。

サッカーやバスケ、バレーボールなど、球技で相手選手と対峙するとき。ボールだけを眼で追いかけてから相手を視ると、相手はとても大きく視えてしまいます。相手が実力者や有名選手であればなおのこと、プレッシャーを感じてしまうでしょう。そのようなときはフィールドを視て、あるいは相手チーム全体を視てから相手を視ると、先ほどよりも小さく感じられることがあります。

大番狂わせをやってのけたアスリートがインタビューなどで「意外と相手が小さく視えた」などの発言が聞かれることがありますが、これは「相応の実力があった」前提の上で、

「試合中、視野狭窄に陥らなかった」「全体が視えて場を掌握できた」可能性が考えられます。また練習段階で何度も何度も「脳内で想起したイメージ上の相手」（の記憶）のほうが、実際に対峙したときの視覚情報より大きかった可能性も考えられます。

視覚による大きい、小さい。これもまた比較の産物であります。私たちは運動というひと手間を加えることによって、大きく視ることも、小さく視ることもできる。そしてその両方のメリットを享受できるのです。

視る－04　大きい？ 小さい？ ②

同じ形のものが大きくなる、小さくなる、についてはどうでしょうか？ PCやスマホの画面上でも、コピー機でも、デジタルでの拡大、縮小が簡単にできる時代ですが、私たちの脳は基本的に、同じ形の対象物が大きくなれば「対象が近づいている」、小さくなれば「対象が遠のいている」と判断するようにできています。これは相似形という概念にも関係してくる話です。

たとえば「アフリカのサバンナでライオンに出くわした」としましょう。脳は今のライオンの像と、ほんのちょっと前のライオンの像の記憶を比較して、A小さくなっていればライオンは遠のいている、B変わらなければ止まっている、C大きくなっていればライオンは近づいている、と判断し、私たちはライオンとの距離に応じた危険回避行動をとることになるでしょう。また「サバンナでライオンに出くわした」ではなく「無人島に漂流したときに食べられる果物を見つけた」になれば行動も変わるでしょう。

早速、2人組でちょっとした実験をしてみましょう。

パートナーは手のひらをプレイヤーの顔に向けます。

A：ある程度離れた距離から、手のひらを一定の速度でプレイヤーの顔に近づける。

B：最初はA同様手のひらをプレイヤーに近づけつつ、途中で同じコースを逆方向に引き返す。

いかがでしたでしょう？　Aでは近づいてくる手のひらになんとも表現し難いプレッシ

ャーを感じたのではないでしょうか。そしてBではプレッシャーからの解放を感じたと思います。

脳は予測が大好きです。Aのように顔に何かが近づいてくる、その先は「ぶつかる」です。手のひらならともかく、これが硬いものや鋭利なものであれば、あるいは爪が眼に食い込むようならば「ぶつかる」以上の事態になります。そうなると問題なく生活できる可能性が減ってしまいます。「不快感」は脳が危険を察するサインなのです。またBのように、距離を大きくとると、与える視覚情報も小さくなります。その結果、継続的プレッシャーがかかる状態から解放され、不安感が軽減されます。

これがプレイヤー側、パートナー側に何かしらの「目的」が共有されていて、目的を達するための方法に共通の「理解」があって、相互の間に「信頼」があれば、プレッシャーも随分変わってくるのが面白いところです。「プレイヤーの頬に小さな紙切れがくっついているので、パートナーが手を近づけてそれを外す」となれば、手のひらが近づいても受けるプレッシャーはかなり軽減されることでしょう。

一流のパフォーマーは、視る側への、あるいは相手への視覚情報の入力を巧みにコントロールする技術をもっています。ある意味「究極の対人関係」であるボクシングでも「前に出る」重要性が説かれますが、これも「ただ単にブルドーザーみたいに前に出れば勝てる」ということではなく、「相手に入力する視覚情報を大きくする」ことでプレッシャーをかける意義が含まれます。

これを「パンチを出される側」の立場で想像してみましょう。もし相手のパンチだけが飛んでくるなら、こちらはパンチのみに対応すればいいのですが、「相手全体が前に出てきて、しかもパンチも飛んでくる」となると、こちらは「❶前に出てくる動き」「❷飛んでくるパンチ」の視覚情報を入力することになります。脳は2つのことを同時に処理するのが苦手な上、❶が真っ直ぐ、❷が曲線、といった異なるベクトルであれば、なおのこと対応困難になります。結果としてパンチをもらう率が上がってしまいます。

また前に出てプレッシャーをかけておいて、わざと少しだけ下がる（距離をつくる）という戦術もあります。これも「パンチを出される側」で考えてみますと、相手が少しだけ下がると、こちらはプレッシャーから解放されます。それまでかけられていたプレッシャーが強く、長いほど、「解放された感」は大きく感じられますから、「解放された↓こっちも前に出れる」という反応を起こしやすくなります。で、こっちが反射的に前に出たところに、相手の冷静なカウンターパンチが待っていた、という流れです。

サッカーやバスケのドリブルで相手選手を抜いていく瞬間に、サッと重力方向に身体を落としたり、瞬間的に身体を小さく視せる技術をもった選手がいますが、あれも相手に入力される視覚情報としては「小さくなる」ため、「小さくなっているのに近づいている」という脳にとって非常に処理しづらい状況をつくっています。

歌や演奏、演劇などのステージでも、楽曲やストーリー、あるいは進行の中で「ここは見せ場」という場面がありますが、これらは「最初からガンガン前に出る」では、かえって伝わりにくくなってしまいます。「脳は予測が好き」ですから、視覚情報を観客に、あるいはカメラに入力するタイミングを見極めて、それまでは抑制的に、視覚的にも小さくなるように配慮すると伝わりやすくなります。ちなみに私が出会ってきた一流のパフォーマーは、気配を消し、景色に同化するのが得意な方が多かったです。ステージに上がるとか、試合モードになるとか、ギアが入ると凄まじい存在感を発揮するのですが。ですからインパクトとは、「その瞬間」を正確に捉え、かつ丁寧に「その瞬間」に向かうことなのかもしれませんね。

〝ジャズの帝王〟と呼ばれた巨匠、マイルス・デイヴィスは「ステージに上がってもトランペットを吹かずにウロウロする」という技術をもっています。外見上、ウロウロしているだけに視えるのですが、これを視覚情報の面から考えると、マイルスの像が大きくなったり小さくなったりが繰り返されることになります。「今吹くか、いや吹かない」「今度は吹くか、まだだ」とオーディエンス側の脳に予測させては裏切る、を繰り返した挙句、マイルスは、いきなりトランペットでブロウをぶちかまします。期待感を煽られ、じらされたオーディエンスは、もう最初の1音でマイルスにノックアウトされる、というわけです。

視る－05　動く対象の捉え方

「ボールをよく視て！」飛んでくるボールをキャッチするとき、あるいは打ち返すとき、よくこのような言葉を耳にします。「ボールをよく視て！」の言葉通り、ボールをよく視てしまうと、視覚としても、運動としてもボールを捉えづらくなることがあります。なぜでしょうか？

早速2人組で実験してみましょう。
パートナーは手を開き、プレイヤーの顔の高さに合わせます。この状態で、パートナーはゆっくりと、少しずつ（1秒に数ミリ単位で）手のひらを前後に動かします。

A：プレイヤーはパートナーの「手」だけを視るように視線を合わせて行います。

B：プレイヤーはパートナーの「手」と「手の背景」の両方を視るように行います。

AとB、どちらが動きをとらえやすかったでしょうか？
これはBでしょう。Aは動く対象だけに視覚情報をフォーカスしてしまっています。動く対象を的確にとらえるには「動かないもの」と「動くもの」両方をとらえる必要があります。脳は比較で理解しようとしますから、動きをとらえ

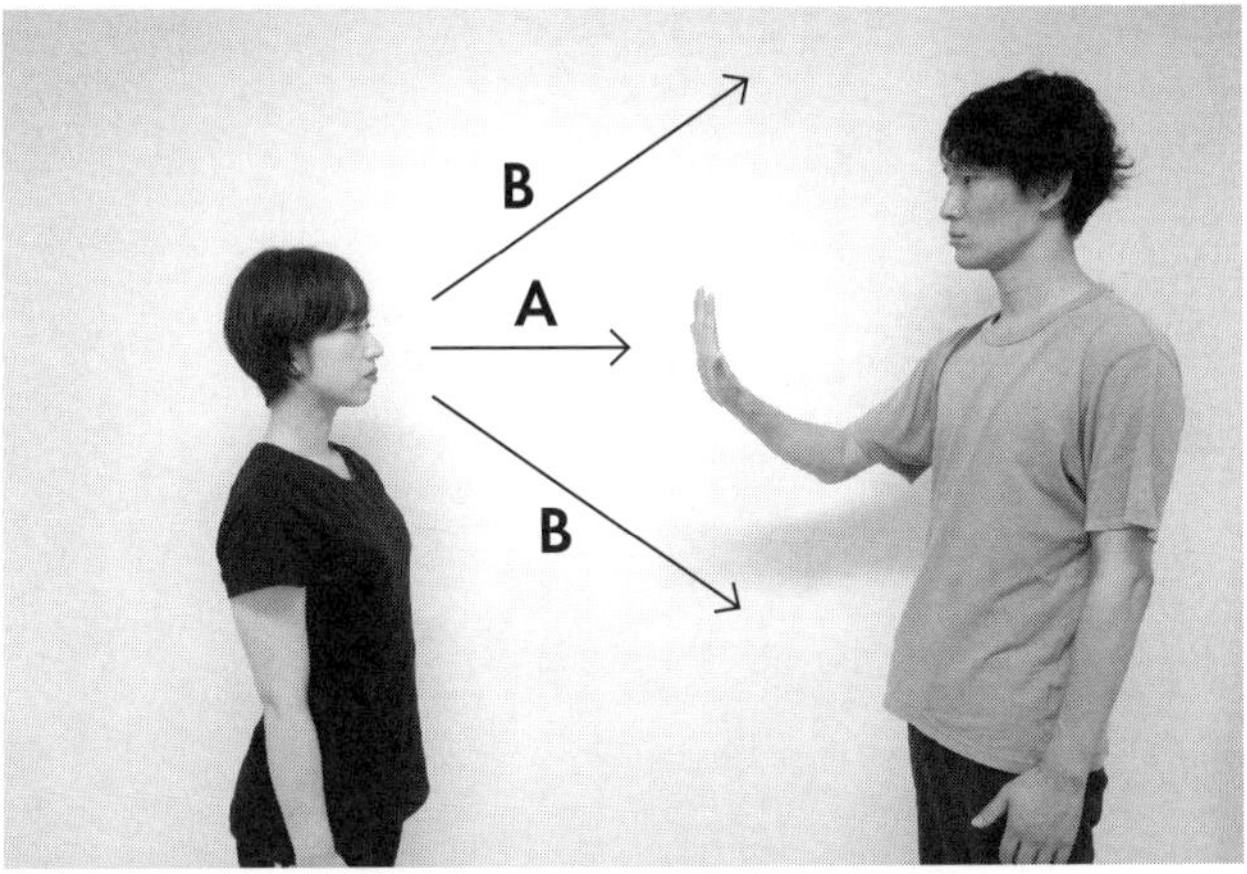

運動「A」「B」のイメージ

るには、動く対象物と動かない背景との「差」を入力しなければならない、ということなのです。動く対象をとらえるのが上手な人は、動かない景色をインプットして、動くと動かないの（差を含めた）関係性をとらえているのです。

私たちの「視る」には、2つのシステムがあります。

ひとつは「じっくり細かく視る」が得意な中心視《ちゅうしんし》です。視線上とその周囲の狭いエリアを視るときに働く中心視は、対象を明瞭に、細部までとらえ、色や形を識別するのに適しています。いきなり黒い物体が視野に飛び込んできたとき、「それが何なのか」の見極めは大切です。こういうとき、対象物を視線上でとらえる中心視が短時間での判断に役立ちます。

もうひとつは「動きや位置をとらえる」のが得意な周辺視《しゅうへんし》です。視線上とその周囲の狭いエリア（中心視野）を外れた、もっと広い範囲を視るときに働く周辺視は、対象物とその周りを不明瞭かつ大雑把に捉えて、動きや位置を識別するのに適しています。

飛んでくるボールをキャッチするとき、視覚情報としては、それがボールであることがわかれば十分ですから、視線上でピンポイントでとらえる必要はありません。ボールを含めた全体を視野に収める方が、周辺視が働き、動きやコースを捉えやすくなります。

「ボールをよく視て」しまうと、視線上にボールを捉えてしまい中心視が働く割合が増え、かえって動きや位置、方向がわかりづらくなるのです。ですから、スポーツ指導の場面では、「ボールをよく視て!」ではなくて、「ボールと背景を大雑把に視て」のほうが、言語化としてはより適切かも知れませんね。

視る−06　顔認識と表情筋群

東京ドームに集まった人の群れの中で同級生を見つけるとか、旅先でたまたまお世話になった先輩に出くわすとか、どう考えても偶然としか思えないような超低確率な出来事を経験することがあります。

これは人間が得意な「顔認識」のなせる技です。私たちは5人の顔写真、5枚の中から、自分の家族の1枚の顔写真は瞬時に、そして容易に判断し選ぶことができます。では5人の膝の写真から、自分の家族の1枚の膝写真を選ぶのはどうでしょうか? おそらく顔の時よりも時間がかかる、もしくは間違ってしまうこともあるでしょう。

スマホやデジカメに顔検知のシステムがあるように、私たちの脳は顔を認識しようとする性質があります。脳の側頭連合野《そくとうれんごうや》という「顔を認識するエリア」があり、そこでは「顔」を認識します。つまり私たちの脳は「顔」と「モノ」を分けて記憶するというわけです。顔も膝も人間の一部なのですが、おそらく脳は「顔＝人間」、「膝＝身体の一部」という処理をしているのでしょう。

たとえば果物のオレンジは「モノ」ですが、表面に油性マジックで「顔」を描くと、急に人間っぽく感じてしまう、なんてことがあります。箱の中のたくさんのオレンジの中に、数個だけ顔を描いたオレンジがあったら、その数個を優先的に視てしまうでしょう。また自動車のデザインを正面から視たときに、両方のライトが眼、バンパーが口、といった感じで、「顔のように」認識してしまうこともあるでしょう。建造物から、壁の模様に至るまで、「いったん顔に見えだすと、顔にしか視えなくなる」ということが起きます。これらの現象は顔を認識するエリアが活性化して、モノであっても顔として認識したと考えられます。

ではなぜ顔認識のシステムが発達したのでしょうか？　ひとつには「顔」で敵味方を判断してきたからだと考えられています。たまたま出くわした相手が、ライオンや毒ヘビなら「逃げる」、食料となる小動物や果実なら「近づく」など、その後の行動はある程度決まってくるわけですが、人間が相手の場合「見極め」が重要になるからです。敵に近づけば危険の、味方に近づくと生存の可能性が上がるからです。そういった背景もあり、人間は脳で顔認識システムを高度に発達させたのでしょう。

そして人間は顔の表情から感情を読み取ります。脳には「他人の動きを視たとき、自分は動いていないのにあたかも動いたように活性化するミラーニューロン」がありますが、私たちは他人の表情を視覚で捉え、自身のミラーニューロンを活性化させて、他人の感情を理解すると考えられています。笑っている、怒っている、すましている、無視している、悲しんでいる、ふざけている、など、そのときの状態を表情から読み取るのです。ですから私たちはつい顔を視ようとしますし、表情から感情を理解しようとするのです。

人間の表情をつくるのは表情筋群です。表情筋群とは表情に関わる筋肉の総称です。ビックリした時に眉を引き上げる前頭筋、眉間にしわを寄せる鼻根筋《びこんきん》、口の開閉に関わる口《こう》輪筋《りんきん》、口角を引き上げる大頬骨筋《だいきょうこつきん》、口角を外側に引き、えくぼをつくる笑筋《しょうきん》など、大小様々な筋があります。これらの筋肉は脳神経のひとつ、顔面神経によって支配されています。

脳神経とは、脳から直接筋肉を支配している神経のことで、頸から下のほとんどの骨格筋が「脳から脊髄を経由して、各筋肉を支配している」のに対して、脳神経は脊髄を経由しないダイレクトの支配なのです。

表情筋群は、顔面神経からの直接支配の上、距離的にも短いため脳の状態を反映しやすいのです。ですから、つい感情が表情に出てしまいがちです。ちなみに、子供は親の表情から感情を読み取るスペシャリストです。いくら「怒ってない」と言葉を重ねても、感情はお見通しだったりします。「子供を侮るな。次世代を下に見るな。彼らは我らの最終進化形にして、最先端を生きる後輩だ」海底から常に上を視ていた三葉虫先輩は言いました。（言ってません）

表情筋群のコントロールはなかなか大変ではありますが、その成否がパフォーマンスに大きく関わってくるのも事実です。そして一流のパフォーマーたちは、顔の視せ方（視せない方法も含む)、そして表情のコントロールが巧みです。

「倒すか、倒されるか」のギリギリの攻防の中、顔認識と表情筋群コントロールに長けた2人のボクサーを紹介したいと思います。

ひとりは悪魔王子と呼ばれた伝説のボクサー、ナジーム・ハメド。超個性的なファイトスタイル、当たれば倒せる体当たりパンチの脅威のKO率(プロ戦績37戦36勝31KO、1敗)、そして試合中の表情の使い方など、あらゆるジャンルのパフォーマーにご覧いただきたい刺激的なボクサーです。

ナジーム・ハメドは試合中、すました顔をしたり、睨みつけたり、ニヤリと笑みを浮かべたり、ナメて見下したり、相手ボクサーに対して、豊かな表情の変化をみせます。相手選手は、ナジーム・ハメドの動きや技を観察する以前に、顔認識システムが働き、つい視覚的にも彼の表情の変化を追ってしまい術中にハマってしまいます。「表情を視ないように」と意識したとしても、その意識自体が既に負荷になっているような状況です。

もうひとりは、逆のパターンともいえる鉄人、マイク・タイソン。マイク・タイソンは、ピーカブーと呼ばれる構えをとります。相手選手から視ると、グローブで顔半分が隠れています。相手の脳は、どんな顔なのかを認識できないまま、試合が進んでしまうわけです。

マイク・タイソンは、相手の射程距離近くになると、サッと重力方向に身体を落とし、その反作用を利用してジャンプと共にパンチを繰り出します。相手の目線から視ると、顔がよく視えないマイク・タイソンが、視界から突然消えることになります。その次の瞬間、突然大きく視界に入ってきたマイク・タイソンの像に圧倒され、豪快なフックやアッパーをまともに喰らって倒されます。人間は顔が視界に入れば、思わず顔を視てしまいます。避けなければならないのはパンチなのですが……。

表情豊かに顔を見せながら相手をワールドに引き込むナジーム・ハメドと、顔に関する情報をミニマムに抑えてポーカーフェイスで精密機械のように戦うマイク・タイソン。表現スタイルとしては全く異なりますが、しんどい局面で笑顔をつくるのも、どんな場面でも表情を変えないのも、どちらのレジェンドも「表情筋群のコントロール」という意味では共通しています。

視る－07　動く起点としての眼

眼は光に対する感覚器として、発達してきました。そして眼の面白いところは、同じ感覚器である耳や鼻に比べて、格段に動かせることです。人間の身体で意図的に動かせるのは随意筋群だけであることは、先に述べた通りです。眼を動かしているとき、眼の周囲にある随意筋群は収縮しています。ですから「眼を動かす」こと自体、広義の運動ということになります。それでは早速、眼を運動の起点として動かしてみましょう。

「膝を伸ばして立った状態から、少ししゃがんで天井に向かってジャンプ」してみます。その際、次の2つを試してみてください。

A：ずっと天井を視たままジャンプする。

B：いちど床に目線を落とし、そこから天井を見上げながらジャンプする。

いかがでしたか？　どちらが、高く、スムーズにジャン

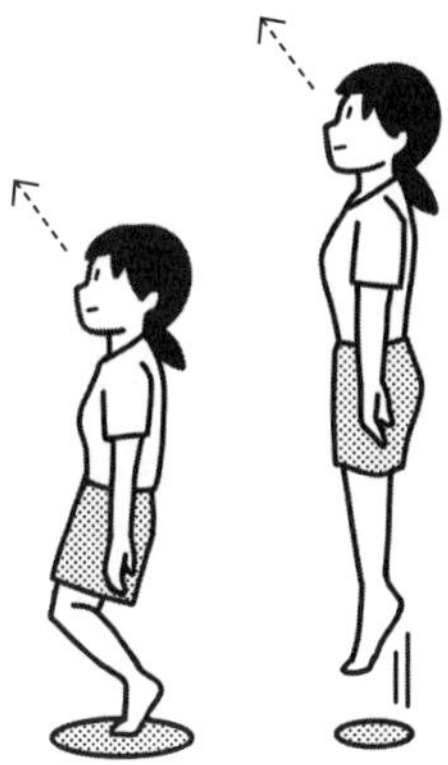

運動「A」のイメージ

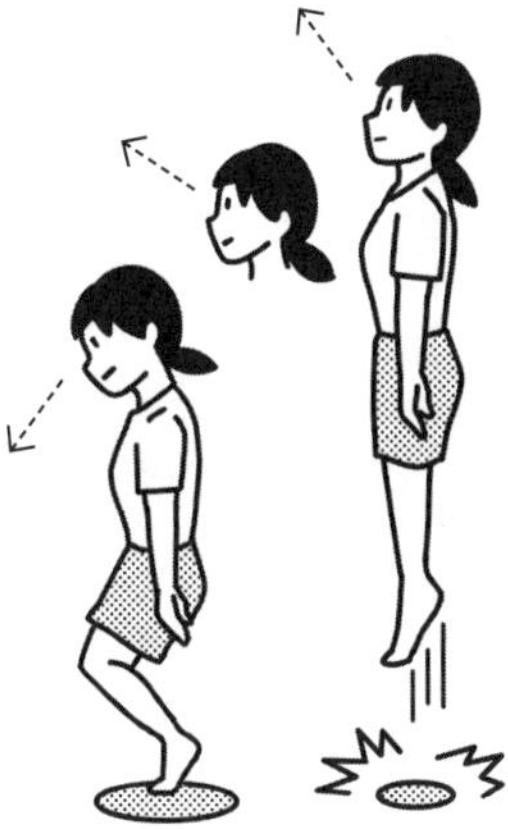

運動「B」のイメージ

プできたでしょうか？　これはきっとBだと思います。ジャンプという動きを考えたとき、私たちの身体はいったん重力方向に向かいます。膝や股関節、足関節などが屈曲や背屈しながら、ジャンプに必要な最下点にまで達した瞬間、神経支配がジャンプ方向に切り替わります。ですから身体は「落ちて、上がる」のコースを通ります。

Aはこのコースに関係なく、ずっと到達したい場所を視ています。ゴールを視ているもののの、そのプロセスは視ていません。Bは「今から動かしたいコース」を眼が先行して動きながら、身体全体が眼の動きをトレースする形になります。Bでは眼が動くことで、連動して頸椎、それから脊椎全体も動くため、「ジャンプに適した身体全体の体勢」をつくりやすくなります。これは眼や頸、脊柱やその周囲含めて「ジャンプに必要な筋群」が多数参加する形になります。例えるならば、Aに比べて運動への参加者・協力者が多い状態です。さらにBは「今からやろうとする運動」を、眼の動きが先に行うため、「眼が運動するときの運動器からの情報」と「眼から入ってきた視覚の情報」が脳に入力されることになります。いわば眼が「先行するナビゲーションシステム」として働くので、運動イメージがつくりやすくなる可能性があるのです。

急がば回れ、の言葉通り、「身体を動かす」とは経るべきプロセスをきちんと経ることで想起した運動に近づいていくことがわかります。こと、「視る」というテーマでいえば、サッカーのシュートでも、野球のバッティングでも、楽器の演奏でも、型の稽古でも、どうも「フォームの習得が上手くいかない」あるいは「フォームがしっくりこない」と感じるとき、「眼が止まってしまっている」ということはないでしょうか？

私はアスリートやパフォーマーの動きをチェックする際、「眼が止まってる／動いてる」に自覚的かどうかを確認するようにしています。パフォーマーが自覚的でない場合、手足はそのままに「眼から動かして、頸や体幹がついてくる」までの練習をある程度行ってから、手足を含めた運動に移行するようにしています。すると「眼の動き」と「身体全体の動き」がバラバラにならず、ひとつの流れのように淀みなく動くようになります。せっかくですので、眼から始まる運動の連鎖をパフォーマンスに生かしましょう。

視る－08　ゴールを移動させる

動く途中にゴールを移動させる、というテクニックもあります。空間上のX点、その少し先、延長線上に空間上のY点を設定します。

A：X点を視て、X点に向けてパンチを打つ。
B：X点を視て、X点に向けてパンチを打つが、途中で視点をY点に瞬間的に移し、ゴールをY点に切り替える。

AとBを比べて、X点付近でのパンチの速度はどちらが速くなるでしょうか？　おそらく後者Bのほうが速いはずです。私たちが手や足を使って何かにリーチする際、そのスピードは「ゆっくり→はやく→ゆっくり」の過程を経ることがわかっています。ゴールに近づくと、手足

運動「A」「B」のイメージ

を伸ばそうとする筋群とは逆の作用をもつ拮抗筋群が収縮し、動き全体にブレーキをかけます。そのため、ゴール付近では必ずスピードが遅くなるのです。ですから、当たる瞬間のスピードが重要な場合「ゴールを途中で瞬間移動させる」テクニックが使えます。

陸上競技あれば「ゴール（X）が視えたら、その先の仮想のゴール（Y）に視点を置く」、柔道の投げ技であれば「相手を投げる途中で、畳（X）からさらに数十センチ下に仮想のゴール（Y）に視点を置く」、野球のピッチャーであれば「キャッチャーのミット（X）を視て、さらにその先のバックネット（Y）に仮想のゴールに視点を置く」、打撃格闘技であれば「パンチやキックがあたる場所（X）を視て、振り抜いた先のゴール（Y）に視点を置く」ことで、せっかく生み出したスピードを損なうことなく動くことができます。

ポイントは「視点を置く場所を切り替える」というところです。「最初からYに視点を置く」方法もありますが、スピードという観点から言えば「XからYに移動させる」方法に軍配が上がるでしょう。

このように私たちは「眼」を意図的に動かすことができます。眼はものを視る感覚器でありますが、視覚情報を入力しながら適切に身体を動かすことで危機を脱したり、獲物を確保したりしてきた身体上の歴史があります。

- どこをどのように視ればもっと動けるだろう？
- 視点の置き場所は適切だろうか？
- この技にはどのような眼の動かし方がベストだろうか？
- この動き方で景色は変わるだろうか？
- 眼、頸椎、脊椎、全体、の運動連鎖はつくれているだろうか？

そんな「視点」の獲得も、パフォーマンス向上に大いに役立つのではないでしょうか？

「呼吸」とパフォーマンス

呼吸-01　パフォーマンスの基盤

パフォーマンス向上における重要な要素はいくつもあります。パワー、スピード、テクニック、戦術、コンディション……どれも大切なのは論を俟ちませんが、いちばん大切なのは何ですか？　と聞かれれば、私はスタミナと答えています。

それはなぜか？　他の要素は全てスタミナ、つまり「動ける」上に成り立つからです。動けないのに高度なテクニックを駆使できるでしょうか？　ふらふらなのにスピードが出るでしょうか？　呼吸もままならないのに歌を歌えるでしょうか？　どれも成り立ちませんよね。陸上選手はゴールまで走り抜ける人であり、サッカー選手は少なくとも45分を2回連続で動ける人であり、ベーシストはライヴでワンステージ演奏できる人であり、落語家は終わりまで話芸を続けられる人であり、俳優は撮影や舞台が終わるまで演じ切れる人です。「バッティング技術は素晴らしいんだけど、1塁まで走ったら動けなくなるバッター」はホームランを打ってもホームにランできません。(Go home)

このようにパフォーマンスにおけるスタミナを「目的の時間、動き続けること」と捉えた場合、とても重要な役割を果たしているのが「呼吸」です。

- エベレストに登頂するとなれば、酸素濃度が薄い場所でも可能な呼吸を。
- 10キロ連続で遠泳を行うならば、泳ぎながら長時間運動可能な呼吸を。
- 短距離走者は100メートル、200メートルを最速で走り抜けるための呼吸を。
- マラソン選手はコースの勾配や他選手との駆け引きの中で、スタミナ温存と回復に適した呼吸を。

それぞれの運動負荷、時間、特性、条件、スタイル、戦況に合わせた呼吸とはどんなものでしょうか？　ここでは「動く」の基盤であるスタミナ向上はもちろんのこと、呼吸を主軸としたパフォーマンス向上の可能性を探してみたいと思います。

呼吸－02　37兆の小さな呼吸

私たちは普段、何気なく「呼吸」していますが、息を吸って吐くことは人間が生きていくために不可欠な行為です。約37兆あると言われる人間の細胞が活動できるのも、呼吸によって体内に取り込まれる酸素のおかげです。

肺に取り込まれた酸素は、肺胞《はいほう》、そしてその周囲にある毛細血管へと運ばれます。そこで血液中の赤血球に含まれるヘモグロビンというタンパク質と結合し、全身を巡り各細胞に運ばれます。ヘモグロビンには、酸素の多いところ（酸素分圧の高いところ）では酸素と結びつき、酸素の少ないところ（酸素分圧の低いところ）では酸素を放出するという性質があります。ですから肺胞の毛細血管ではヘモグロビンは酸素と結合し、血流にのって各細胞付近に到達すると酸素をリリースするのです。それぞれの細胞はヘモグロビンから酸素を受けとる代わりに、細胞内で生じた二酸化炭素と老廃物を放出します。ヘモグロビンはいわば、肺から全身の細胞に酸素を届け、二酸化炭素などを回収する「運び屋」というわけですね。

呼吸による酸素の供給と二酸化炭素の排出、いわゆる「ガス交換」がスムーズに行われるからこそ生体が維持されます。（肺炎や心不全、窒息、喘息発作などで呼吸不全の状態に陥ると、生命が危険にさらされるのはそのためです）身体の中には、酸素濃度や二酸化炭素濃度をフィードバックするためのセンサーが備わっており、かなり厳しくモニタリングされています。呼吸に関する情報は脳幹の呼吸中枢にリアルタイムに集積され、最適な呼吸回数や呼吸の深さを自動的に調整しています。

肺で行われる身体全体のレベルの酸素と二酸化炭素の交換を「外呼吸《がいこきゅう》」、組織や細胞レベルでのそれらの交換を「内呼吸《ないこきゅう》」と呼びます。一般的に私たちがいわゆる「呼吸」という言葉から連想するであろう「息を吸ったり、吐いたり」は、ミクロの細胞レベルで影響を及ぼし、37兆の細胞たちもそれぞれ呼吸しながら私たちの生命に参与しているのです。

呼吸－03　体重の10％はミトコンドリア

それでは、内呼吸によって細胞内に取り込まれた酸素はどのように利用されるのでしょうか？　ここで登場するのが、生物や理科の授業で習ったミトコンドリアです。細胞内の小器官であるミトコンドリアは、ひとつの細胞の中に平均3００～4００個、脳や筋肉、肝臓などの代謝が活発な器官の細胞には数百から数千個も存在することがわかっています。細胞の数37兆×ミトコンドリア3００個でも凄まじい数なわけですが、ミトコンドリアはなんと私たちの全体重の10％を占めると言われています。しかもそれぞれのミトコンドリアは人体の細胞のDNAとは異なる、「ミトコンドリアDNA」と呼ばれる独自のDNAをもっています。人体の細胞分裂とは別に、ミトコンドリア自身が分裂、増殖、融合といった機能をもっているというわけですね。ミトコンドリアは元々、別の生物であり、それが細胞内に住み着いて「共生関係」が出来上がったと考えられていて、私たち人間は無数のミトコンドリアと共に生きている、ということになります。

ミトコンドリアは細胞内に取り込まれた酸素をつかって炭水化物を分解し、アデノシン三リン酸（ATP）と呼ばれる分子を生成します。ATPが加水分解されてP（リン）がひとつ離れる際にエネルギーが生じるのですが、我々の細胞はこの時のエネルギーを使って活動しているのです。身体を動かす、食べ物を消化吸収する、話したり聴いたりする、眠っているときでさえ、私たちの身体はエネルギーを使っているわけですが、それもミトコンドリアがATPを産生してくれるおかげなのです。

ここでは人間が主役なので、主に人間について述べていますが、ATPはあらゆる生命全てが共通に利用する生体エネルギーです。魚類も、両生類も、昆虫も、大腸菌などの細菌もATPを頼りに活動しています。「火星に生命体が存在するかどうか」の調査では、火星探査機に装備されたＡＴＰ検出キットが使われたのですが、ＡＴＰが指標になっていることからも、ＡＴＰは生命体の証と言えるでしょう。

息をはく時の呼気には二酸化炭素が多く含まれていますが、これもＡＴＰの産生機序が深く関わっています。それは、ミトコンドリアでＡＴＰができる際に、二酸化炭素が生じるからです。細胞は二酸化炭素を赤血球のヘモグロビンに受け渡し、血流に乗せて心臓を経由し、肺動脈を経て肺胞の毛細血管に到達して、外呼吸による二酸化炭素の体外への放出が起きます。酸素と結合したヘモグロビンは、オキシヘモグロビンとよばれ、鮮やかな赤色をしていますが、酸素を放出して二酸化炭素や老廃物を取り込むとデオキシヘモグロビンとなり、吸光度が変わって暗赤色になります。病院や検診で採血した際に、「血液のどす黒さ」に驚いたことがある方も少なくないと思いますが、それはしっかりとヘモグロビンが二酸化炭素を捕らえている証拠なので、心配はいりません。あの清純派の女優さんも、ブラック企業の血も涙もないパワハラオーナーも、静脈血はそれなりにダークな色をしています。

呼吸－04　呼吸に負荷をかける

先に述べたとおり、肺に取り込まれた酸素は赤血球のヘモグロビンと結合して、全身を巡ります。酸素の運び屋であるヘモグロビンが少ない状態は、運送会社でいえば、稼働できるトラックの台数が少ないようなものですから、どんどん回転数を上げて運搬するしかありません。血液をとにかく送り出すには心拍数を上げるしかないため、すぐにバテてしまいます。ですから「スタミナをつくる」とは、血液の面で考えると「ヘモグロビンを少しずつ増やしていく」ということになります。

では、ヘモグロビンはどうすれば増えるのでしょうか？　その鍵を握るのが、「エリスロポエチン」です。エリスロポエチンとは、腎臓で産生されるサイトカイン（細胞間の相互作用に関与する生理活性物質）のひとつで、主に赤血球の産生を促進する役割があります。よくマラソン選手などが高地トレーニングを行いますが、人体は標高の高い山など、低酸素の環境に置かれると、身体が酸素分圧の低下をキャッチし、腎臓でエリスロポエチンを産生します。エリスロポエチンは血液の工場として機能している骨髄に働きかけて、赤血球を増やします。赤血球が増えれば、酸素の運び屋が増えるので、酸素を全身に行き渡らせることがラクになります。その結果、心拍数もそれ以前より抑えられる、というわけですね。スポーツの世界でエリスロポエチン製剤の使用がドーピングとして禁止薬物に指定されているのも、エリスロポエチンの働きが赤血球を増やし、スタミナ面で競技力を向上させる効果がある逆説的証拠とも言えるでしょう。

このように赤血球産生のシステムから考えると、動ける身体をつくるには、酸素摂取に、呼吸に適切な負荷をかけるのがよさそうです。いくつかの観点から、ノウハウを共有してみたいと思います。

呼吸回数をコントロールする

1階から3階まで階段を上る、陸上トラックを3周する、スクワットを50回行う、縄跳びを3分間やる、なんでも構いません。距離、回数、時間などが決まっている運動に対して次のように行ってみましょう。

A：息を吸って、はいて、を繰り返して行う。

B：できる限り長い時間、連続的に息をはき、息を吸う回数を最小限にして行う。

これらを比較した場合、Bのほうが取り込める酸素が少ないため、運動時の負荷になります。新しい酸素の供給をなるべく制限して動くことで、少ない酸素でなんとか身体を動かそうとしますので、身体がそれに順応して、スタミナがUPする可能性があります。

そしてBをある程度やってからAを行うと、「運動に合わせて、自然に呼吸している状態」がいかに動きやすいか、を実感できるでしょう。

1回の呼吸における持続時間を延ばす

ランニング、腕立て伏せ、ジャンプなど、簡単に行える基礎的な運動で大丈夫です。息を吸ったあと、息をずっとはき続ける中で、運動を持続して、次に息を吸った時点までの時間を計測します。

格闘技のチャンピオン育成プロジェクトでは、ボクシングシャドーで計測を行っていました。「2キロの軽めの重りを左右それぞれの手にひとつずつもち、1回だけ息をはきながら、ハイスピードでシャドーを行い、息を吸った時点で強制終了」というルールです。スタミナが弱点だったある日本王者のキックボクサーは、初めて行ったときは15秒だったのですが、毎週必ず計測を行い、3か月後に60秒を超えて世界タイトルを獲得。最終的には84秒持続できるようになりました。それまで短期決戦型のスタイルでしたが、3分5ラウンドをフルに動いて勝てるスタイルに見事に変貌を遂げたのです。実際はそんなことはやらないにしても、「1ラウンド3分を、3回息を吸えば私は動ける」という自信は、競技、競争には大きく影響するものです。そして数値化は、その自信の強力な裏付けになるはずです。(数値は比較そのもので脳が理解しやすいのです)もちろんこれはあくまで強化段階での負荷なので、試合が近づけば、試合用の呼吸にアレンジする必要はありますが。

ボーカリストならば発声の持続時間を、野球選手なら1回の呼吸でベース間を何回走れるかを、水泳選手なら息継ぎ無しでどれくらいの距離と時間泳げるかを、数値化してみるだけで、スタミナUPに呼吸という強力かつ本質的な武器が加わってくれるはずです。

水の密度を利用する

次に呼吸に物理的な負荷をかける方法を共有します。それは、プールなどで行う「水中トレーニング」です。空気に比べ、水は約830倍の密度があります。陸上では問題なく走れても、水中では同じ速度で走れないのも、高密度ゆえの大きな抵抗が生じるからですね。ですから、呼吸の際、肺や心臓などを鳥籠のように取り囲む胸郭《きょうかく》、そして胸郭を構成する肋骨と肋骨の間をつなぐ肋間筋は呼吸に大きく関与しています。空気中なら大きく拡がる胸郭も、水の中では拡がりにくくなりますから、これが呼吸筋群への外側からの物理的な負荷になります。トップアスリートの中には、水中で投球の動き、シュートの動きを練習をする選手もいて、これらすべてがフォームへの負荷のみならず、呼吸筋群への負荷となっているのです。

またパフォーマーやアスリートの選手生命の向上にもつながります。心肺機能強化には、ランニングやジョギングなどの陸上系の種目が多く取り入れられていますが、キャリアを重ねれば重ねるほど、私たちの関節はダメージを受けてしまいます。特に膝関節は、自動車で言えばベアリングのようなもので、軟骨や半月板、関節内の環境が整っていれば、スムーズに動いてくれますが、体重増加や偏った負荷、過度な使用が積み重なると、関節内は摩耗したり、削れたり、変性・変形したりします。「膝」はアスリートが引退する理由のひとつでもありますので、基本的に消耗品だと思っておいた方がいいでしょう。特にアスファルトなどの超硬な地面は、膝への微細なダメージが蓄積されやすい環境です。そういった意味でも、長期間活躍したいパフォーマーにとって、水中ウォーキングや水泳、海や川の中でのトレーニングなど、「水」という選択肢は有意義だと思います。

気道抵抗を高める

気道抵抗（空気の通りにくさ）を高めることで呼吸筋群全体を内側から強化する方法もあります。口すぼめ呼吸ほか、いろんな方法がありますが、簡単に効果的に行えるのが、ストローを用いた運動です。数センチに切ったストローを口にくわえたまま息を吸ったり、吐いたりを繰り返す、それだけで結構きついのですが、気道抵抗はかなり高まります。ストローをくわえた状態でウォーキングやジョギングなど軽く動いてみる。本格的にスタミナUPを狙うアスリートやパフォーマーであれば、ストローを加えたままフォームやプレイを行ってみる。たかが数センチのストローですが、呼吸筋群への負荷とコストパフォーマンスは抜群です。

呼吸－05　生理中の女性のトレーニングは？

酸素を送り届けるヘモグロビンが増えると全身に酸素が行きわたりやすいことをお伝え

しました。では、女性の生理中はどうでしょうか？　健康な女性であれば20㎖～140㎖の出血がある生理期間中に、ハードな練習を行ってしまえば、血圧の上昇、出血量過多を引き起こすため、せっかくつくったスタミナが低下してしまうリスクがあります。かつて一部のスポーツ界では「生理中はパフォーマンスが上がる」と信じられていました。その背景には、月経前症候群（ＰＭＳ）と呼ばれる生理前に起こる不調のひとつであるイライラを「アグレッシブな精神状態」と捉え、その状態で競技に臨むと平常時以上のパフォーマンスを発揮できると考えられたようです。

しかしフィジカル面から考えると、生理期間中は出血によりヘモグロビン値が低下しますから、ひどい場合はスポーツ貧血を起こすこともあり、パフォーマンスはむしろ落ちる可能性があります。また精神状態がアグレッシブな方が有利なスポーツばかりではありません。冷静さや繊細さ、緻密な正確性が求められる競技も、場面もたくさんあります。ハードなトレーニングは「闇雲に」ではなく、コンディション、プラスの効果、マイナスの効果を十分検討して行いたいものです。

呼吸－06　呼吸とタイミング、呼吸とスピード

「ふにゃあ〰〰〰〰」と5秒間発声しながら豪速球が投げられるでしょうか？「ハッ！」と瞬間的な気合を入れながら、ゆっくり優雅に踊れるでしょうか？

きっと難しいと思います。なぜなら発声や呼吸も、意図的な運動だからです。「身体を動かす、呼吸する」の長さが合っていない場合、全く異なる2つの運動を同時に行うことになりますが、脳は同じタイミングで別々の運動の指令を出すことができません。豪速球は「ふにゃあ〰〰〰〰」の前か、後か、5秒間のどこかの一瞬をとらえて。「ハッ！」と気合を入れるのは、ゆっくり優雅に踊る前か、後か、踊りの間のどこかのタイミングで、ということになります。

言われればその通り、のことなのですが、呼吸と動きが一致していないアスリートやパフォーマーを見かける度に「ほんの少し変えるだけで全然違うのに」と感じることがあります。

バレーボールのアタック、卓球のスマッシュ、バスケットボールやサッカーでのシュート、野球での投球や遠投、ラグビーやレスリングのタックルなどなど、「A：瞬間的に大き

な筋力を発揮したい動き」を行いたい場合、「B：肺の中にある呼気を瞬間的にすべて出し切るような呼吸」を合わせると上手くいきます。私たちが安静時に1回の呼吸で出し入れする気体の量はおよそ500㎖。そこからさらに意図的に出し切れる気体の量が1ℓありますから、Aの運動、Bの運動、を運動イメージの中で、「ひとつの運動」とセットで認識すれば、呼吸と動きの一致が見られ、スピードも速く、筋力も発揮されやすくなります。

バスケやサッカーのドリブルからのシュート、ボクシングの連打、剣道での連続した打突、柔道のフェイントや崩しからの投げなど、いわゆるコンビネーションによる連続的な筋力発揮の場合も、動きと呼吸の組み合わせ方でかなりパフォーマンスが変わってきます。例えば4つの動きを行う場合、呼吸を全て「1、2、3、4」と4つに区切ってしまうと、「1回の呼吸でひとつの動き」を4回やることになってしまいます。そうなると全体としてのスピードが落ちてしまいます。たとえば「左、右、左、右」とパンチを繰り出すとしてスピードを上げようと思ったら、動きのスピードは呼吸のスピードを超えていきません。「息をはいて技を出せ」という指導をそのまま忠実にやっている人が陥りがちなのですが、これだと呼吸に動きのスピードが拘束されてしまっているわけですね。

そこで、「1回目の呼吸で1、2、2回目の呼吸で3、4」とすると、音楽の楽譜でいうところのブレスは1回になりますので、全体のスピードはかなり速くなります。他にも「1回目の呼吸で123、2回目の呼吸で4」、「1回の呼吸で1234」などブレスをどうするかで、連打のスピードが随分変わるのを実感できるかと思います。

呼吸には呼吸筋群が関わりますが、その中でも人体最大の呼吸筋である横隔膜《おうかくまく》は胸部と腹部を仕切るように存在します。横隔膜が収縮すると、胸腔内が陰圧になり息を吸い込む。横隔膜が弛緩すると息が外に排出されます。呼吸1回に対し、技1回ですと、横隔膜の動き1回に技が1回対応する形になります。呼吸1回に対し、技が2回、3回、それ以上と増えていくことで、連続した速い動きが実現できます。

「一気に」「一息に」という言葉があるように、ひとつの呼吸の中にどんな動きを込めるかでスピードはじめ、出力される動きは随分変わってきます。一流のドラマーやパーカッショニストが一気に手数を出す時、ギタリストがすごいフレーズを速弾きする時のブレスの入れ方など、音楽家の「動き」と「呼吸」の一致のさせ方などは、2つの運動の一致という視点から眺めれば、ジャンルに関係なく大いに参考になるのではないでしょうか？

呼吸―07　呼吸と腹横筋

腹横筋という筋肉をご存じですか？　これがなかなか頼もしいのです。腹部の正面にあるシックスパックで有名な腹直筋を取り外すと、外腹斜筋《がいふくしゃきん》、内腹斜筋《ないふくしゃきん》という斜めに走る筋が出てきます。これらも取り外すと、その下に腹横筋《ふくおうきん》が出てきます。腹横筋は、腰椎や内臓をぐるっと取り囲むように位置しているコルセットのような筋肉です。この腹横筋、身体のかなり深層にある奥ゆかしい筋肉ですが、かなり運動と密接に関わっている筋肉です。

腹横筋は、❶お腹まで使って思いっ切り息をはくとき、❷意識的にお腹を引っ込めるときに強く収縮する筋肉です。もう息をはききったかな、と思った時点から、さらにお腹をグワンと背中側に張りつけるように引っ込めると、あともう一息、息がはけると思います。

ヨガの達人や武術の達人が、お腹をベコッと引っ込ませるのも、腹横筋の収縮によるものです。思わず「ここにアタマはいるんじゃないですか？」と聞きたくなるくらいです。

逆に、中年になってお腹がポッコリ出てくるのは、腹横筋の収縮力が落ちてきているからです。ビールのせいではありません。

それでは、早速、腹横筋を意識的に収縮させてみましょう。

1：プレイヤーは仰向けになって、股関節と膝関節を屈曲する。
2：パートナーは横から、プレイヤーの腰とフロアの間に手を差し込む。
3：プレイヤーは息をはきながらお腹を引っ込める。

プレイヤーがきちんと息をはいて、腹横筋が収縮しているとき、パートナーは手を挟まれるような圧を感じるでしょう。

次にこの実験をやってみてください。
プレイヤーは左足を前に出して構え、右手で肩の高さにパンチを出して、その位置で止めまる。パートナーはプレイヤーの右手をゆっくり徐々に押し返してみます。このとき、プレイヤーは次のように動いてみましょう。

A：息を吸いながら、押し返す。

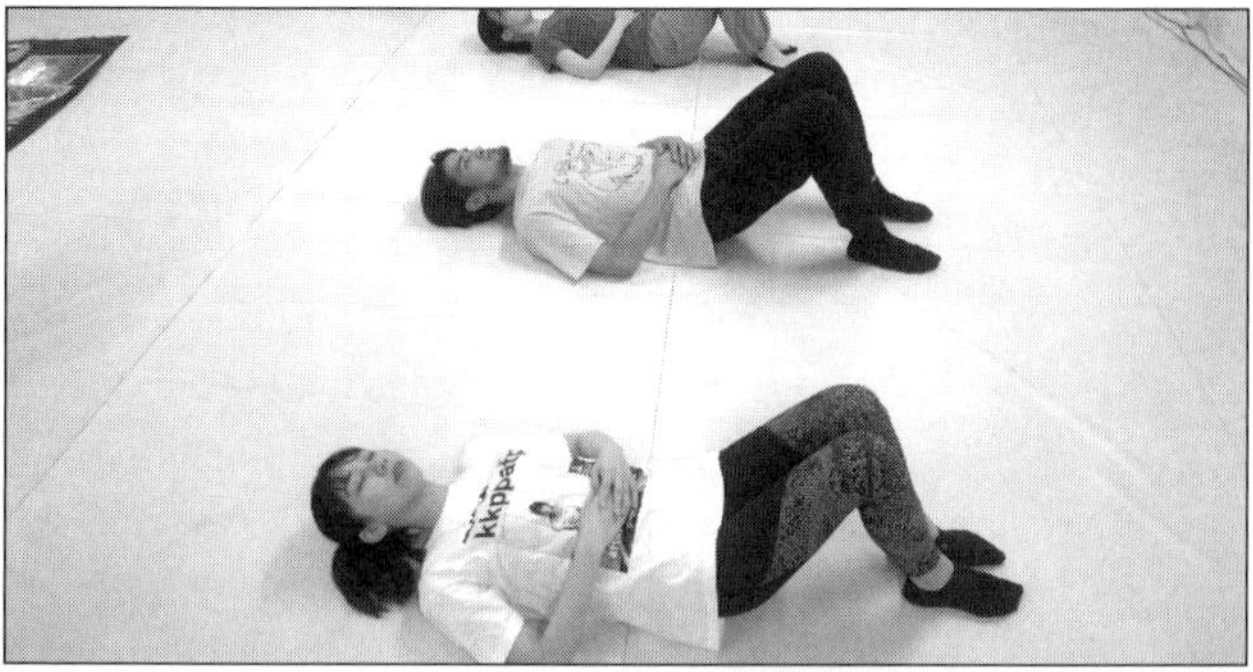

P136運動「1」のイメージ

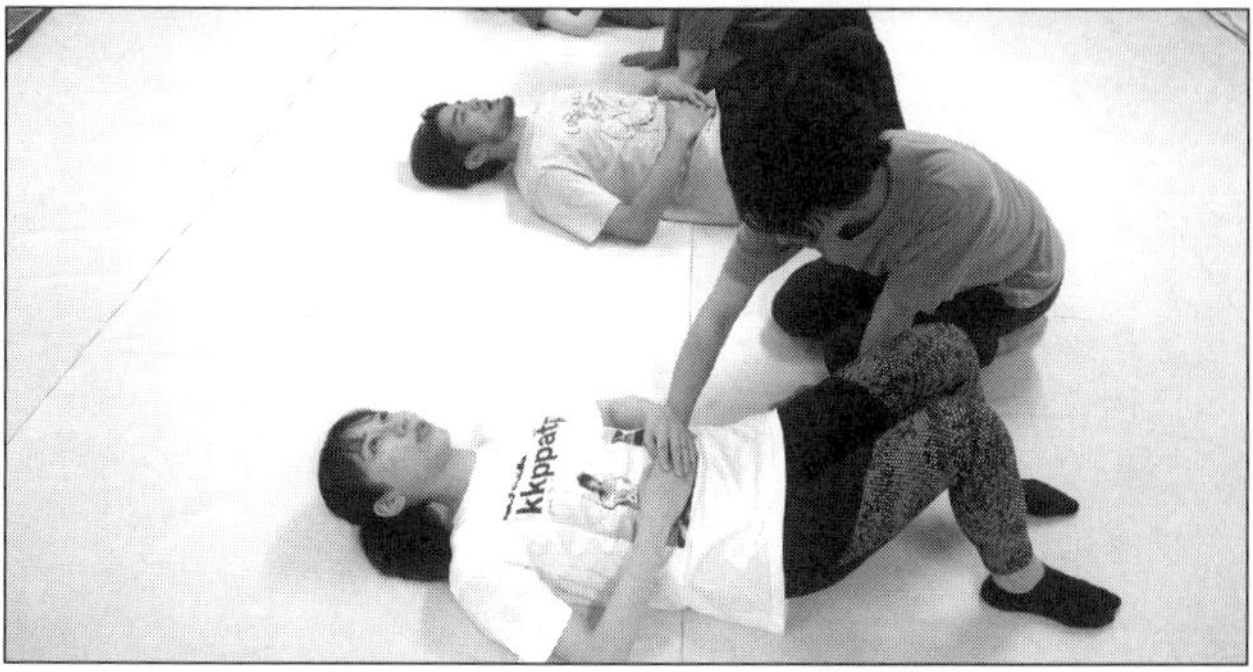

P136運動「2」のイメージ

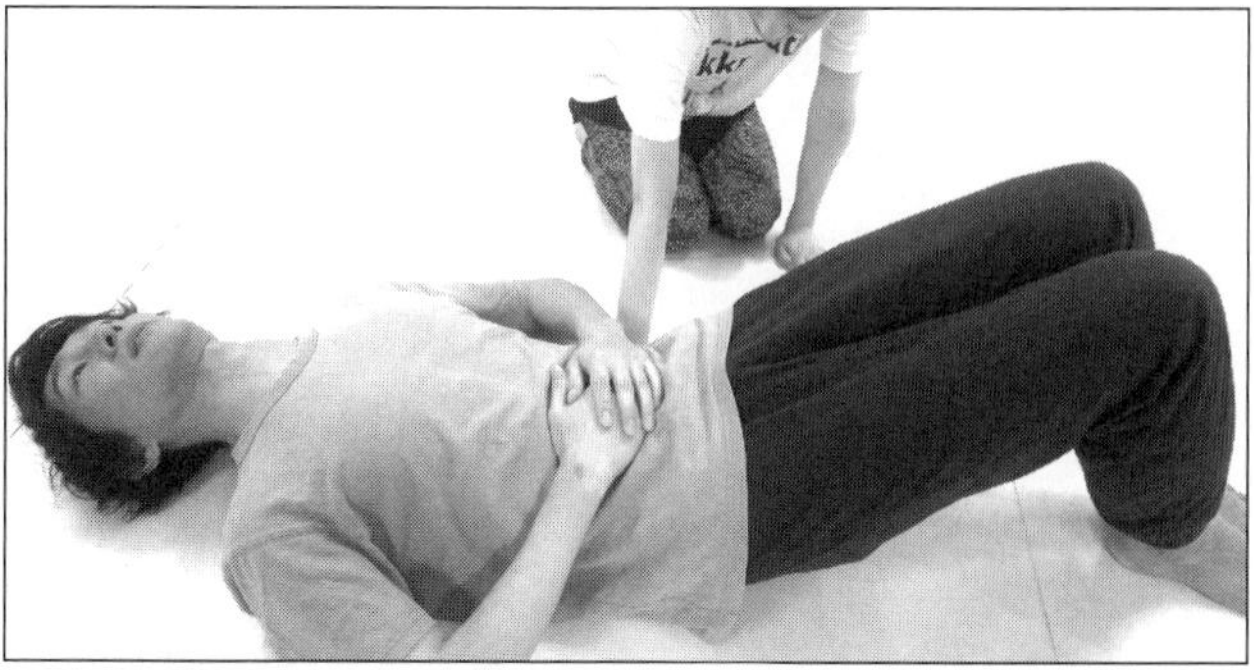

P136運動「3」のイメージ

B：息をはいてお腹を引っ込めながら、押し返す。

Aよりも Bのほうが強い出力が得られたと思います。私たちの身体には「大きな筋力を発揮しようとするとき、先行して脳から腹横筋に収縮の指令がでる」という仕組みがあります。先に腹横筋が収縮することで腹横筋から内側の圧が高まり、腰椎周囲が安定します。その後に他の部位が大きな筋力を発揮しても腰を痛めにくくなるのです。

Aは主に上半身が反作用を受けますが、Bは上半身と下半身が力学的に強固につながってパンチの反作用を身体全体で受け止めます。この時の状態を「上半身と下半身がひとつになったような感覚」と表現するアスリートもいます。

呼吸－08　腹横筋と反作用、パフォーマンスへの応用

格闘技は身体で反作用を受け止めるスポーツですので、

P136、138運動「A」「B」のイメージ

わかりやすいようにパンチのフォームで説明しましたが、「呼吸、腹横筋、筋力発揮」のリンケージは応用範囲がとても広いです。

バッターであれば、バットをスローモーションで振り、ボールがミートする瞬間で止めてみましょう。パートナーは軽くバットを押し返してみましょう。このときの呼吸、そして腹横筋の収縮を確認してみましょう。上半身と下半身がつながっている感覚はありますか? さらにこの時、各関節での反作用をどのように感じるでしょうか? どこか1ヶ所に反作用が集中してしまうようなら、それは危険なサインです。打撃の度に負荷がかかり、ダメージとして蓄積されてしまいますから、各関節の角度を見直して全身の関節で負荷を受け止めるようにしましょう。テニスやバドミントンならラケット、剣道家なら竹刀、ドラマーならスティックをもって、ヒットの瞬間止めてみる。その時の「反作用をどこでどのように受けるか」がパフォーマンス向上のヒントです。

サッカーのシュートでボールをとらえる瞬間、呼吸および腹横筋の収縮はどんな感じでしょうか? 呼吸と腹横筋の収縮のタイミングが合っていれば、シュート動作に上半身の筋力が参加してくれます。息をすってシュートを打つと、足だけでボールを運ぶ感じになってしまいます。わざとそれを経験しておくのも大切な練習です。私たちの脳は比較や差で理解しますから。呼吸と腹横筋収縮で、上半身と下半身をつないで大きな筋力を発揮してみましょう。

ボーカリストの方、アクターの方は、声やセリフを響かせるときの呼吸やお腹の感じはどんな感じがベストでしょう？　ある俳優の方がパンチの反作用で腹横筋を強く収縮する練習した後、同じセリフを発したら声がスタジオ中に響いた、なんてことが実際にありました。発声や呼吸の練習と、お腹を引っ込めながらの全身運動を組み合わせれば、声を出すだけよりも、もっと大きな運動イメージで、肉体を生かした声を届けることができます。

日常生活でも重いものを持ち上げるとき「せーの」「ヨイショ」と声を出すことがありますが、これも「息をはいて腹横筋を収縮させ、腰を守りつつ大きな筋力を発揮する」というかなり高度な運動です。ウェイトリフティングやパワーリフティング、柔道やプロレスなど、瞬間的に大きなパワーが必要とされる競技では、呼吸がダイレクトに安全に、選手生命に関わってきます。ちなみに私は、話のおそろしく長い人（＝面白くない）につかまって逃げられないとき、会議などで「これやって何の意味があるの？」以外の感想が全くもてないときなどに、息をはいて腹横筋を収縮させる練習をしています。誰にも悟られずに強くなれるので、静かなおすすめです。

センスに溢れているのに呼吸と動きがズレているアスリート、上半身も下半身もしっかりしているにもかかわらず筋力を十分発揮し切れていないファイター、腹横筋を使えていないため腰痛を起こしがちなドラマーなど、いろんなケースに出逢うたびに、呼吸と運動の医学的背景を共有しなければと感じていました。呼吸の中に小さなヒントが見つかれば幸いです。

「運動器」とパフォーマンス

01　筋肉は繊細そのもの

筋肉、という言葉からどんなイメージを連想するでしょうか？　力強いような、頼もしいような、いかついような、硬いような、どちらかというとマッチョでハードなイメージをもたれる方も少なくないでしょう。どんなに強く押しても動かない大型冷蔵庫のようなアメフト選手の大胸筋も、舞台で美を表現するバレリーナの一切の無駄のない下腿三頭筋《かたいさんとうきん》群《ぐん》も、先週産まれたばかりの新生児の長細い大腿の筋肉も、（随分と見た目は違いますが）みんな非常に細かい繊維の集まりです。

筋肉は、ミオシンとアクチンという2種類の繊維（フィラメント）が、お互いの隙間にスルスルッと入り込み、結合して収縮します。ミオシンの直径は約16㎚（ナノメートル）、アクチンの直径は約8㎚。0・000000001m＝1㎚の世界は、原子、分子の集合体の世界です。1㎚は1mの10億分の1、1㎜の100万分の1の大きさ。「どれほど小さいかわかるでしょう？」と書きたいところですが、10億とか100万とかが眼に入ってきて、かえって小ささがわかりづらいくらいです。たとえば上腕二頭筋にこのフィラメントがいったい何本存在するのか……それだけでも天文学的数値になってしまいます。

この繊細というにはあまりにも繊細過ぎるフィラメントたちは「無理矢理引き伸ばされる」のが苦手です。あまりに細いため、必要以上に伸ばされると、簡単に断裂してしまうからです。

ここでちょっとした実験をしてみましょう。手と指でピースサインをつくってみます。しっかりと人差し指と中指を伸ばして、残りの3本は折り畳んで、いい感じのピースサインをお願いします。完成したらピースサインを動かさないように、その形のままピタッと止めてほしいのです。この状態で、1分、2分、3分……とキープします。すると途中で、なんともいえない違和感を感じませんでしょうか?「動かしたい、でも、動かせない……」全然ピースフルじゃありません。

あるひとつの動きを固定し続けることで脳が感じる違和感は、筋肉が引き伸ばされ続けることによって生じる中枢への信号に由来します。

02　筋肉の防御機構

伸ばされるのが嫌いな筋肉には防御機構が備わっています。そのひとつが伸張反射《しんちょうはんしゃ》です。伸張反射とは、筋が受動的に引き伸ばされると収縮する反射のことをいいます。筋肉の中には、筋紡錘《きんぼうすい》と呼ばれる感覚受容器があり、筋肉の長さをサーチするセンサーの役割を果たしています。筋紡錘が物理的に伸ばされると、筋紡錘は物理的刺激を電気信号に変えて、脊髄に伝えます。そこで運動神経を介して「急に引き伸ばされた筋肉を収縮させる」「その筋肉の拮抗筋の収縮を抑制する」ということをやります。いわゆる脊髄反射《せきずいはんしゃ》のひとつで、このやりとりは脳を介さず、筋肉、神経、脊髄、のレベルで行われます。そのほうが圧倒的に速いからです。

電車の中で眠っている人の頭が倒れてくるシーンを視ることがあります。頸が前方に傾いて、頭が落ちそうになるのですが、その時に首の後ろにある筋群が伸張反射を起こして収縮し、ビクッとなったように頭の位置が元に戻ってくる、というアレです。頸の後ろの筋肉の断裂を自動的に防止する機構が発動している、というわけですね。

伸ばされると縮みたがる筋肉には「すでに縮んだ状態からさらに縮む」よりも「ある程

度引き伸ばされた状態から縮む」ほうが大きな筋力を発揮できる、という特性があります。私たちはその特性を使いながら生活しています。リンゴを手で採るとき、リンゴよりもさらに大きく手を開いてからリンゴを掴むように。テニスのラケットでボールを打ち返す時には、ラケットを後ろに引いてから打つように。これは「ある動きは、直前に逆をやるとうまくいく」とも言えますね。

03 「伸びろ」はない

ストレッチの指導などで「この筋肉をもっと伸ばして（ゆるめて）」といわれることがあります。ですが脳は筋肉に「伸びろ」「ゆるめ」という指令を出せません。筋肉は伸ばされると切れてしまうので、脳は身体を破壊するような指令を出さないのです。（人間の身体は知れば知るほど合理的です）ですから脳の一次運動野が筋肉に対して出せる指令は「縮め」「収縮」だけです。

では、私たちの筋肉はどのような機序で「伸びる」「ゆるむ」のでしょうか？　曲げている肘関節を伸ばす場合を例に考えてみましょう。伸ばしている最中、力こぶにあたる上腕二頭筋の長さは、それまでより長くなります。上腕二頭筋は実際には「伸びて」「ゆるんで」いるわけですが、その鍵を握るのは上腕二頭筋の拮抗筋である上腕三頭筋《じょうわんさんとうきん》です。上腕二頭筋が肘関節を曲げる（屈曲する）のに対し、上腕三頭筋は肘関節を伸ばす（伸展する）、つまり真逆の作用をもっているのです。

ある筋肉Ａに「縮め」の指令が出ているときには、Ａの拮抗筋Ｂには「縮め」の指令が出ません。Ｂに縮めの指令が出ているときには、Ｂの拮抗筋Ａには「縮め」の指令は出ません。ですから、肘が伸びている最中は、上腕三頭筋のほうに「縮め」の指令が出ていて、上腕二頭筋には「何も指令が出ていない」という状況になります。脳からの指令は「ＯＮ＝収縮」だけ。「ＯＦＦ＝伸びろ、ゆるめ」ではなく、「ＯＦＦ＝収縮しなくていい」の意味になります。つまり上腕二頭筋は「収縮していない」状態ですから、その反対の動きを担う上腕三頭筋が収縮すれば、上腕二頭筋は結果的に「伸びる」「ゆるむ」というわけです。

私たちの身体は、いろんな筋肉どうしが拮抗して成り立っています。ある筋肉Ａを伸ばしたければ、その拮抗筋Ｂ（複数のことも多々あり）に「縮め」と指令を出せば、「結果として伸びる、ゆるむ」ということなのです。

04　神経支配とパフォーマンス

止める、には2つの方向があります。肘なら伸ばしながら止める、曲げながら止める。外見上は同じに見えますが、神経支配の点からは全く違う動きです。

2人組で実験してみましょう。プレイヤーは手を顔の前、40センチくらいの場所に置きます。手のひらが前側に、手の甲が顔側に向くようにして、その場所で止めてみてください。パートナーは、プレイヤーの前側から手のひらを押してみます。

手を止めるとき、

A：手を前に出しながら（肘を伸ばしながら）止めた場合

B：手を顔側に引きながら（肘を曲げながら）止めた場合

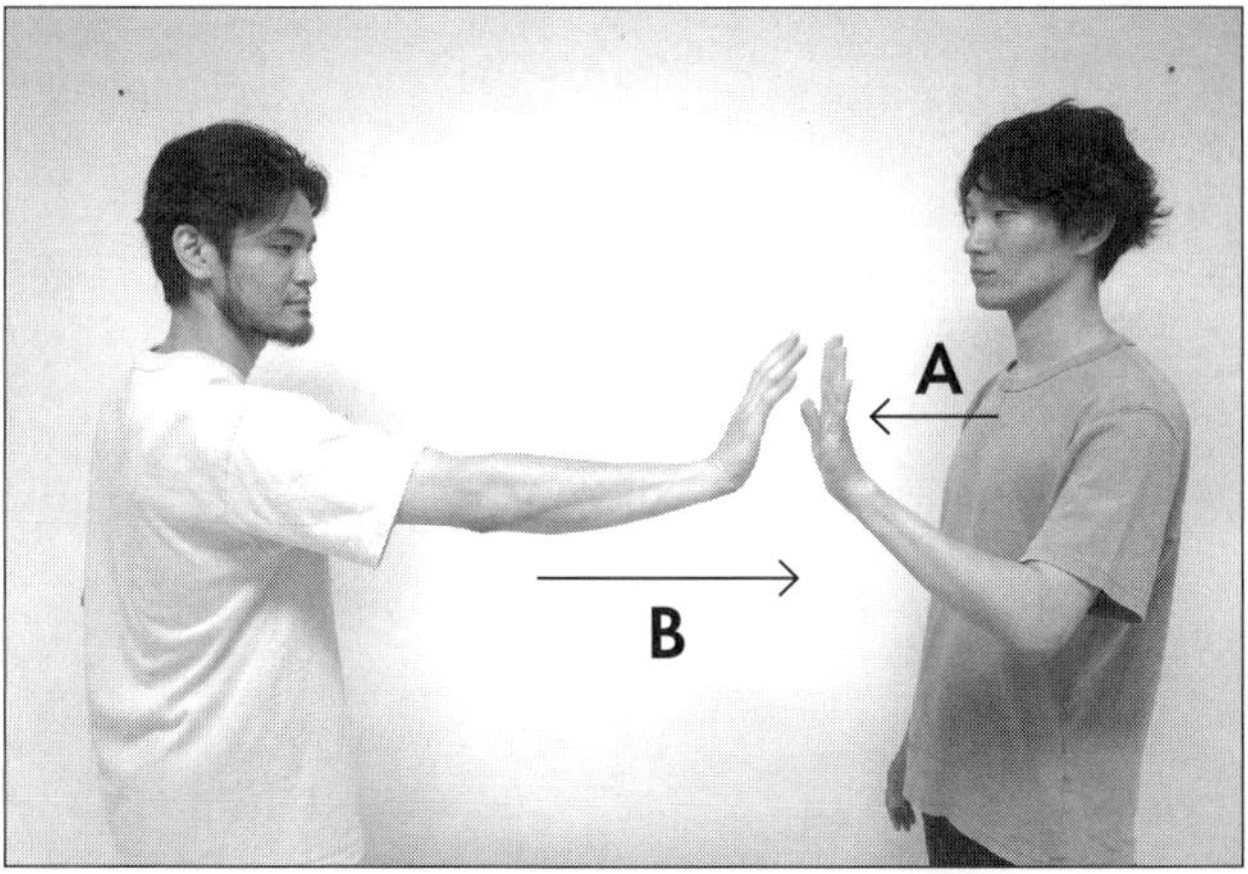

運動「A」「B」のイメージ

を比較してみましょう。Aは押されても崩れませんが、Bは簡単に崩れてしまうでしょう。

なぜこのような違いが起きるのか？　それが神経支配の違いです。

Aは「肘を伸ばす途中でブレーキがかかった状態」ですから、脳からの指令はまだ「引く」にはなっていません。伸ばす、のままです。Bは「引く途中でブレーキがかかった状態」ですから、まだ脳からの命令は「押す」には切り替わっておらず、引くが止まっている状態です。つまり伸ばしている途中で押されても、強い。引いている途中で押されれば、弱い。ということなのです。

このように「止まる」にも2つのパターンがあります。テニス、野球の守備、相撲や格闘技などのスポーツ指導の場面で「もっと腰を落として」と指導されることがあります。腰の高さを適切な高さにすることは大切ですが、「腰を落とす」ということは、脳は下半身に「座る方向に指令を出す」ことになりますから、そこから動けなくなるんですね。「腰を落とせ」は「動くな」とほぼイコールなんです。

ではどうすれば動けるのか？　それは「腰を落として、少しだけ上げて」です。最下点に行ったあと、1センチでも上にあげれば、脳からの指令は「座る」から「立つ」に切り替わります。立つは動くにつながりますので、少し上げると、途端に動きやすくなります。「今、神経支配はどっち向きか?」よりスムーズな動きを求める場合、大切な意識です。

05 手を出すスピード

「手で何かを触る」という運動のとき、手のスピードは「ゆっくり、速く、ゆっくり」の過程を経ます。今から動かすのに使う筋群の収縮に伴い、手はゼロから加速され、最高スピードを迎えますが、目標物に近づくときには拮抗筋群の収縮が始まりますから、それまでの動きにブレーキがかかり、スピードは低下してゼロになります。この原理原則を知っておくと、身体を動かす時のスピードが俄然変わってきます。

タオルのような柔らかいものを手が届く範囲に置いて、次のようなコースでなるべく速く触ってまた手を元の場所に戻してみましょう。

A:最短距離をタッチして戻ってくる直線的なコース

B：広い楕円のようなループしたコース

これはBの方が速くなります。Aではタッチした時にスピードが完全にゼロになりますから、「ゆっくり、速く、ゆっくり」からいちど「スピードがゼロ」となって、再度「ゆっくり、速く、ゆっくり」をやることになります。Bではスピードをゼロにすることなく動けます。物理では直線の最短距離を進むのが速いのですが、人間の身体のモーターは筋肉、動かしているのは脳なので、「直線が遅い」ということが起きます。ここはなかなか興味深くも難しいところです。

ループの有無ですが、ビジュアル的に確認することができます。Aの直線的なコースでは、スピードがいったんゼロになるため、視覚的にゼロの瞬間が静止画的に「視える」はずです。Bのループでは止まるシーンがないので、静止画的に確認できません。スピードが求められる動きでは、「行ったコースをそのまま帰ってくる」のではなく、自転車のペダルを高速で回転させるように「行った先で小さなループをつくって別のコースで返っ

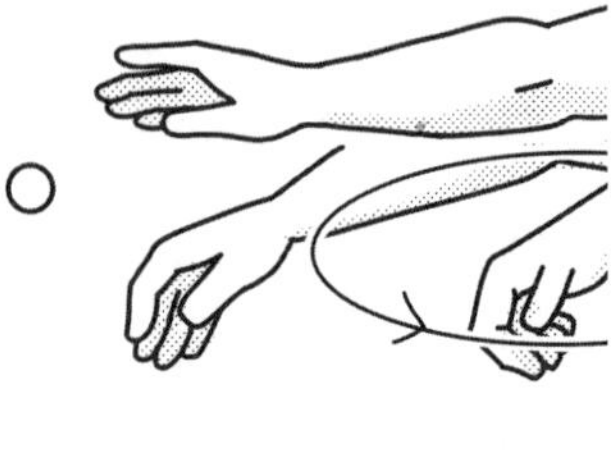

P150運動「B」のイメージ

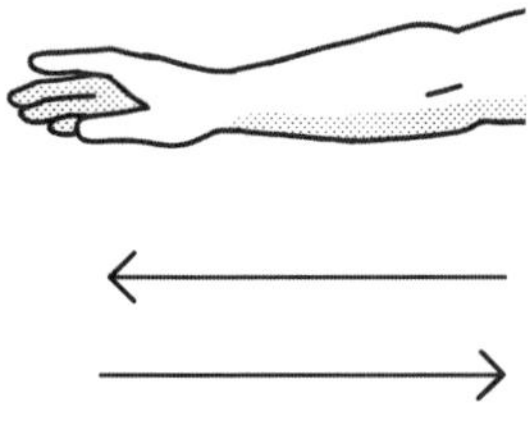

P149運動「A」のイメージ

てくる」運動イメージに変えてみると、スピードを犠牲にせずに動くことができるでしょう。

06　収縮と筋力発揮

アスリートが最大の筋力を発揮している場面。あなたはどんなシーンを想像しますか？ウエイトリフティングの選手が最高重量を挙げているシーン、ラグビーのフォワードが相手チームを押し切っているシーン、NBAの選手がジャンプしてダンクシュートを決めているシーン、ゴールキーパーが思いっきり横にスライドするシーン、プロレスラーがロープから戻ってくる相手をボディースラムでマットに叩きつけるシーン……きっとみなさんの想う「最大の筋力発揮のシーン」が浮かぶと思います。

筋の収縮と筋力の関係について、「手にダンベルをもち、肘関節を伸ばした（伸展）状態から、曲げながら（屈曲しながら）持ち上げる」という運動を考えてみましょう。この時、力こぶにあたる「上腕二頭筋」に対して脳は「収縮」の指令を出します。実際の上腕二頭筋も長さは短くなり、筋肉の端と端が近づきます。このように「筋が収縮しながら、筋の長さが短くなる収縮を「コンセントリック収縮」と呼びます。スクワットで下から上がるときの太もも前面の大腿四頭筋、ベンチプレスでバーベルが下から上に挙上されるときの上腕三頭筋や大胸筋などもこれにあたります。

次に「持ち上げたダンベルを元のコースを戻りながらゆっくり戻す」場合、上腕二頭筋には「収縮」の指令が出ながらも、筋肉の端と端の距離は遠くなり、筋の長さは長くなります。もしこの時、脳から上腕二頭筋に「縮め」「収縮」の指令が出ていなかったら、ダンベルは「ゴンッ」と最下点に、下手したら床に落ちてしまうでしょう。このように「筋肉は収縮方向に筋力を発揮しているけれど、筋肉の長さは長くなっている状態」を、「エキセントリック収縮」と呼びます。高さのあるところから飛び降りた着地の瞬間、膝関節が曲がりますが、この時、大腿四頭筋は長くなりながらも筋力を発揮しています。スクワットでゆっくり下りる時も同様に、エキセントリック収縮が起きています。

エキセントリック収縮は、コンセントリック収縮よりも、より大きな筋力を発揮することができます。たとえば100キロのバーベルをコンセントリック収縮で挙げられる人は、125キロのバーベルを（挙げられないけれど）ゆっくりと降ろしながらエキセントリック収縮で筋力を発揮することができるというような感じで、エキセントリック収縮で発揮できる筋力は、コンセントリック収縮の最大1・25倍という報告もあります。

ピッチャーが前足で思いっ切りフィールドを踏み込む瞬間、フィギュアスケーターがジャンプの前に身体を重力方向に沈める瞬間、横綱が相手に押されながらも土俵際で踏ん張る瞬間、体操選手が鉄棒から華麗に着地する瞬間、垂直以上の壁をよじ登るクライマーが重力にもっていかれながらも耐える瞬間、陸上選手が連続でハードルを飛び越える瞬間――人体がもつ最も大きな筋力発揮のシステムを使っている、というわけです。

興味深いのは、エキセントリック収縮は筋力向上や筋肥大にも効果的であるという点です。「ベンチプレスで何キロ挙がるか」といった「できたことへの評価」だけでなく、「ベンチプレスでマックス以上の重量に挑戦し、挙がらずにつぶれてしまう、でもなんとか抵抗して（安全に）つぶれる」あるいは「バーベルを持ち上げる段階ではパートナーに補助してもらい、挙げられない重さに立ち向かいながらゆっくり降ろす」といった「何とかしようとしたことへの評価」も重要だということです。まるで挑戦の肯定にも思えるお話ですね。

「重力」とパフォーマンス

重力－01 「歩く」と重力

私たちは地球の上で生活しています。ですから、今ある私たちの身体は「地球上という大いなる前提」の上に進化してきました。地球による人体への影響が「重力」です。ですから運動には必ず重力との関係が存在します。

たとえば「歩く」という運動。これを3次元的にとらえてみると――右足が空中を移動していちばん前まで行き、地面に接地した瞬間、「右足と左足の間の距離」は最大になります。この時、私たちの骨盤はいちばん低い位置にきます。次に、左足が地面を離れ、右足を追い抜く瞬間、骨盤は最高点に位置します。そして今度は左足が空中を移動し、いちばん前まで行った時には、先ほどと同様、「左足と右足の間の距離」は最大になり、骨盤は最下点に。右足が左足を追い抜く瞬間には骨盤は最高点に位置します。

私たちは「前」に向かって歩いていても上下運動、つまり「骨盤が重力方向に落ちては、反重力方向に上がる」を繰り返しています。骨盤の上下運動に合わせて、頭部も上下に動きますから、眼を通じて入力される進行方向の景色は微妙に上下します。これらのことから（別段意識しなければ）「水平方向の運動」と思ってしまいがちな「歩く」という動きには、「垂直方向の運動」が含まれていることがわかると思います。

つまり「歩く」とは、「重力を利用しながら進行方向と垂直方向に上手に身体を動かす」ということなのです。これ、言われてみればその通りであり、多くの人たちがそれを自然にやってしまっているわけですが、「自然にやってしまっている」ということは「意識化できていない」ということでもありますから、それを意識的に取り出して行えば、パフォーマンス全体が向上する可能性があるということです。というわけで早速、重力を意識しやすいように、次の実験をしてみましょう。

A：普段の歩幅で歩いてみる。視線は真っ直ぐ、水平方向に保ち、進行方向の景色を記憶する。

B：普段の1・5～2倍の広い歩幅で歩いてみる。視線は真っ直ぐ、水平方向に保ち、進行方向の景色を記憶する。

AとB、進行方向の景色の上下方向の動きの大きさはどうだったでしょうか？　これはBの方が大きくなったと思います。普段の歩幅で歩くと、当たり前すぎて、なかなか垂直方向の要素を実感しにくいものですが、歩幅を変えることで、「歩く」という運動の中の「重力」を自覚しやすくなります。

重力－02　型の問いかけ

日本に古来から伝わる舞踊の型、沖縄空手や東洋武術の型には「広い歩幅で移動する」という動きが数多くみられます。あきらかに動きにくい歩幅ですから、外から見ると「そんな広いスタンスで動かなくても……」と非合理的に、あるいは非実用的に見えるかもしれません。しかしこれらは、やっていくとわかるのですが「動きの中で重力を意識

P155運動「B」のイメージ

P155運動「A」のイメージ

するセンスを磨く技」でもあるのです。重力に逆らって動く要素を減らし、重力を上手に利用して動くための「発明」でもあるんですね。では、次に舞踊や武道の型のエッセンスである「広い歩幅」で動いてみましょう。

左足を前、右足を後ろにして立ちます。

A：普通の歩幅で立ち、右足を前側にできるだけ高く上げる。

B：広い歩幅で左足を前に大きく一歩踏み出してから、右足を前側にできるだけ高く上げる。

この2つを比べてみましょう。どちらが右足を挙げやすかったでしょうか？　これはBだと思います。Aは後ろの右足を挙げるとき、ほとんど最初から最後まで重力に逆らうことになります。Bの動きの前半は、左足で一歩踏み出すときに「骨盤を中心に身体全体が重力方向に落ちる」という運動になります。踏み出した左足の足底に接した床が、重力方向に加わる力を受け止め、後半はその反作用（床反力《ゆかはんりょく》）を使って、身体全体が上（反重力方向）にあがる形になります。

Aは「身体全体（足以外）はそのままで、足を上げる動き」、Bは「身体全体が上がりな

P157運動「A」のイメージ

P157運動「B」のイメージ

がら足も上げる動き」になります。Bは踏み出した前足が床についたとき、今から後ろ足を上げるのに使う筋肉が強制的に引き伸ばされます。筋肉には「既に収縮した状態からさらに収縮させる」よりも「ある程度引き伸ばされた収縮ゼロの状態から収縮させる」ほうが大きな力を発揮できる、という特性がありますので、Bは「そんなに力を使っている感じがしないのに、足が楽に上がる」という感覚だと思います。

型の中には「先人たちからの問いかけ」があります。それらに向かう中で、身体が気づいていくような仕掛けがあって、それらを紐解いていくのも面白いですね。動きにくい制約の中で動けるようになれば、それはもうメチャクチャ動けるわけですから。

重力－03　何かを持ち上げる

今度は何かを持ち上げる場合について考えてみましょう。

2ℓの中身入りのペットボトルやダンベルなど、片手で持てる程度の重りをもってみてください。この重りを下のX点から上のY点まで垂直方向に持ち上げてみます。

A：X点からY点まで最短距離で持ち上げる。

B：X点からほんの数センチ鉛直方向下のX'にストンと落とすように経由させてY点まで持ち上げる。（その時X'にある時間は一瞬に）

AとB、どちらが楽にY点までもっていけたでしょうか？　おそらくBだと思います。

Aの場合はX点にある時に「今から持ち上げるのに使う筋群」がある程度収縮していま す。「既に収縮している筋群をさらに収縮させる運動」です。X点の時点で重力に対して逆らう方向に筋力を発揮しているわけですが、それをY点までもっていく過程で重力に逆らい続けることになります。

Bの場合は、XからX'、に行く過程で、「今から持ち上げるのに使う筋群」は一度引き伸ばされます。XからX'、にもって行くためには、「今から持ち上げるのに使う筋群に拮抗する筋群」が収縮する必要がありますから、脳からは拮抗筋に収縮の指令が出ます。拮抗筋が収縮している時は、拮抗筋の拮抗筋（つまり元の筋肉）は収縮しません。ですからX'、か

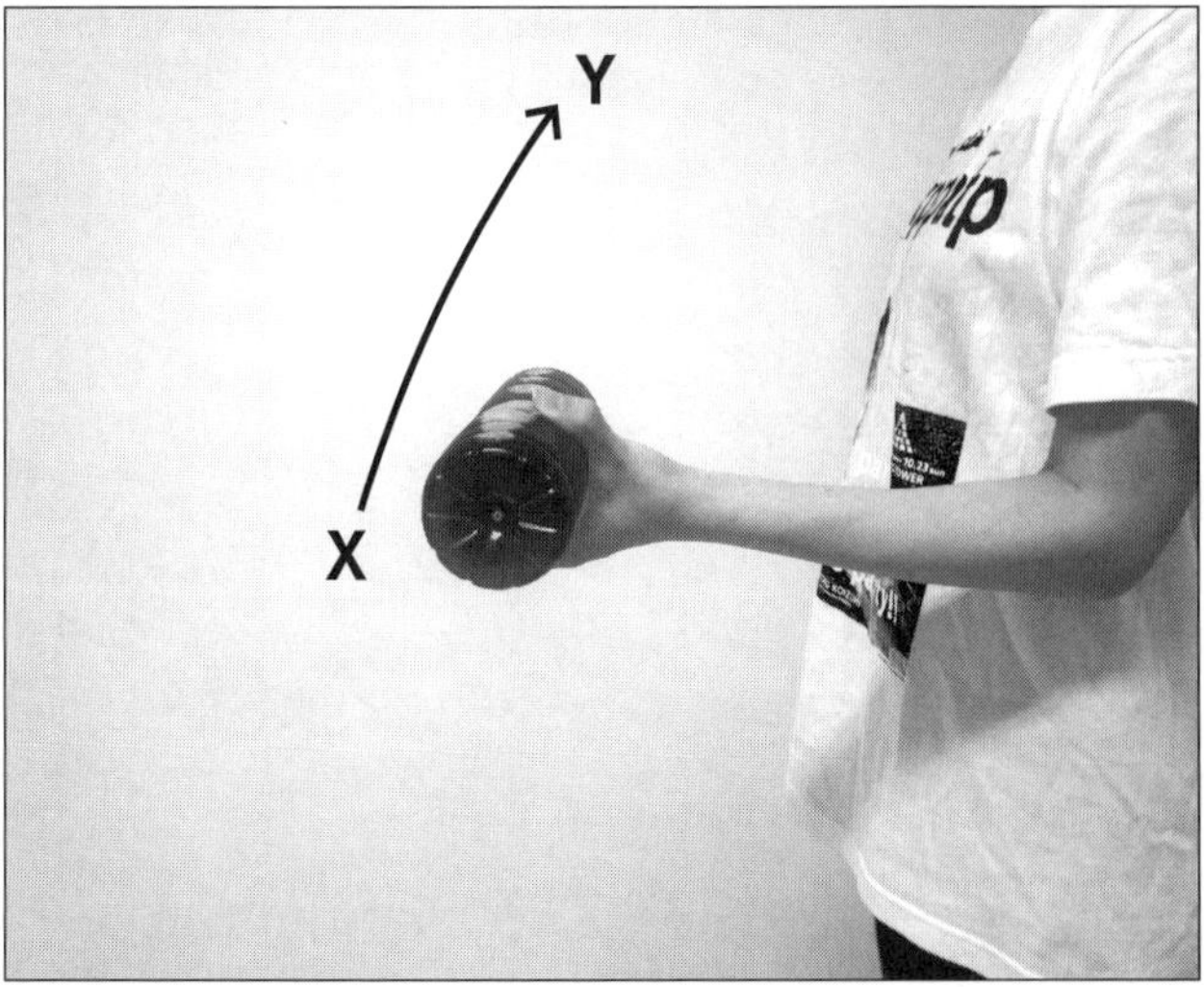

P160運動「A」のイメージ

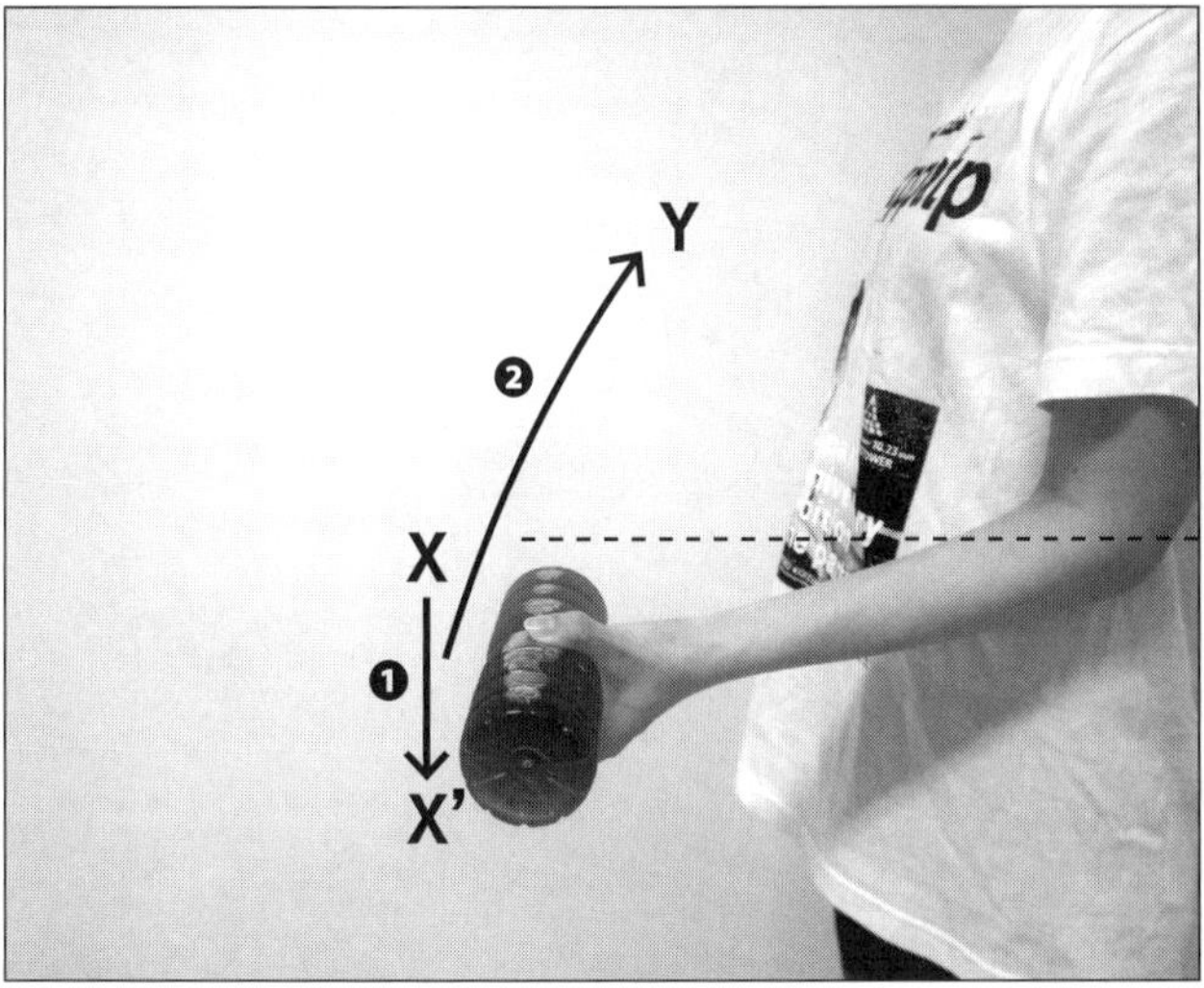

P160運動「B」のイメージ

らYに行く際に、収縮ゼロの状態からYまでもっていくことができます。BはXからX'までは重力に逆らわず、むしろ重力を利用している。X'の時点で神経支配を逆に切り替えた瞬間に発生した筋力を有効に活用している。ということになります。

重力－04　地球と仲良く

それでは自分自身を持ち上げてみましょう。両手で両足首を掴んで「エイッ」と引き上げる、とスッ転んで危険ですので、それはやらないようにお願いします。自分自身を持ち上げるとは、今いる場所より高いところに行く、ジャンプなどのことです。

ジャンプは地球の重力に逆らっているように見えますが、それはジャンプ動作の後半であって、前半は違います。前半で「どれだけ地球と仲良くできるか？」がポイントです。「気をつけ」の姿勢から、つま先を閉じ、両足を並行にして立ちます。右足だけを正面方向、普段の歩幅の1・5倍から2倍くらい前の場所に置き、また元の位置に戻す。次に左でも同様にやってみる。というのをやってみましょう。足が前のフロアに接地するとき、次のパターンを試してみてください。

A：つま先から着地するパターン

B：足の裏全体が同時に着地するパターン

この両方を比較するとどうでしょうか？　Aは戻りやすく、Bは戻りづらかったと思います。つま先から入ると、脛の後ろ側にある下腿三頭筋群が引き伸ばされます。筋肉は伸ばされるのが嫌いですから、伸張反射などのプロテクト機能が働き、縮もうとします。Bが戻りやすいのは、重力方向に身体が落ちるときに「そのあと戻りやすい身体の使い方」をしているからですね。階段を降りるときにもA、Bの接地の仕方を試してみると「A：景色がちょっと下がって上がる」「B：景色が上がり続ける」の違いを視覚情報からも感じられると思います。どのように地面と接するか、で、そのあとの動きが随分変わってしまいますよね。

次は実際にジャンプしてみましょう。「もっと高く跳ぶ」意識をい

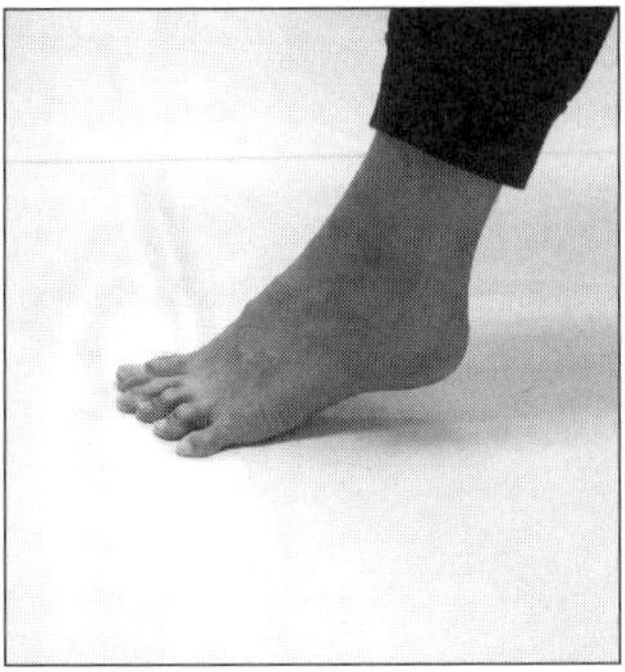

運動「A」のイメージ

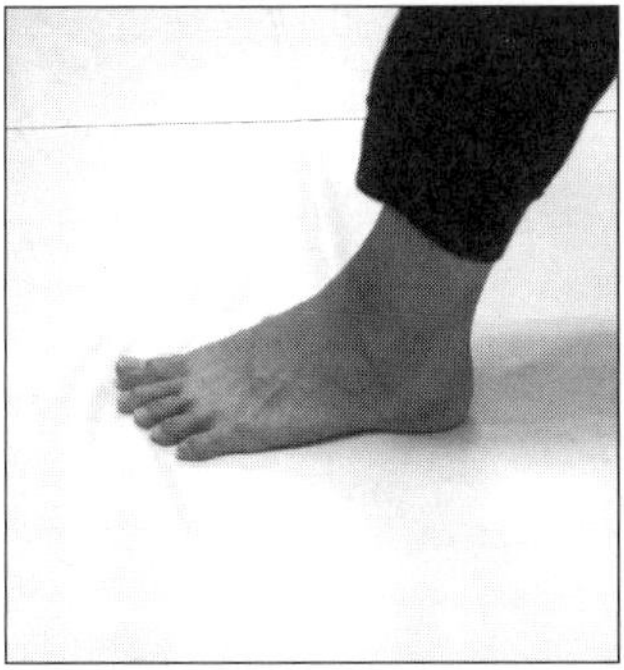

運動「B」のイメージ

ったん消して、「上手に落ちる」にフォーカスして試行してみましょう。

- 落ちた時の股関節の角度、膝の角度、足関節の角度はどんな感じがいいのか？
- 頭の位置はどこがベストなのか？
- 目線はどのように動かせばいいのか？
- どんな姿勢だと高く跳べるのか？
- 身体のどのパーツをどの順番で落とせばいいのか？
- どのような運動イメージをつくれば楽に遂行できるのか？
- ジャンプに適した呼吸はどんなものか？

などなど、ひと項目ずつよーく身体を観察しながら、検証と修正を繰り返していくといいと思います。

一流のパフォーマーは、重力を味方につけて「地球と仲良く」するのがとても上手です。フィギュアスケートの羽生結弦選手のジャンプはおそらくは人類における「究極」の領域で、とにかく感動したくて（98％）、研究目的もあって（2％）、よく動画を再生するのですが、説明不要のジャンプの美しさはもちろん、ジャンプにいく前の身体の落とし方が芸術的に美しいと感じています。身体の各パーツが調和するような連続性をもって、地球に自然に導かれるかのように重力方向にスッと落ちる。でも落とし過ぎることなく、ジャンプに必要な最大筋力が発揮される角度に落ちていて……。でもそこから瞬間的に神経支配が切り替わって、今度は天に引き上げられているかのように宙を舞います。(どうしても比喩的な表現になりますが、説明しきれないから芸術なのです)

あらゆるジャンルのパフォーマーにとっての世代を超えた最上級のお手本として、またミラーニューロンを大いに刺激してくれる運動の技術として、脳にしっかり記憶させておきたいパフォーマンスです。

重力－05　一流のV

私が「重力」という視点でパフォーマンスをとらえるようになったきっかけは、現役時代のイチロー氏のバッティングフォームでした。彼の動きを「骨盤の高さ」に注目してみてみると、上手に重力に乗っているのがよくわかります。(状況や狙いに応じてフォームはアレンジされますが)バッティングフォームに入るとき、骨盤を横から見ると「最高点↓最下点↓最高点」を通っているようにみえます。バッティングフォームの前半、前足が前方に移動する時は、骨盤は地球と仲良く重力方向に。後半は最下点で地球との間に生じた力を使って自然に浮かび上がるように。その軌道は「V」の字に似ています。

このVの軌道は、体重移動を伴ういろんな動きに見て取れます。歩く、も横から見れば「小さく落ちて、上がる」Vの繰り返しですし、走るも同様です。「走るのが苦手」というお子さんは、もしかしたら一生懸命「前に行こう」としている真面目な性格なのかも知れませんね。「もっともっと重力を感じて、地球側に落ちながら走っていいんですよ」と伝えてあげたいですね。

ドリブルで相手をぐんぐん抜いていくサッカー選手は、横や斜めに動くとき重力方向に身体をストンと落としながら抜いていきます。横や斜めに動こうとするより、重力の力を借りながら横に動いた方が楽ですし速いです。2次元ではなく、3次元

元プロ野球選手・イチロー氏のバッティングフォームのイメージ

で垂直方向にも身体を使うから、相手選手からすると予想、反応、どちらもしにくいですよね。セーブの上手なゴールキーパーも、立った位置からいきなり横に跳ばず、重力方向に身体を沈めた次の瞬間、横に大きく移動しています。

ボクシングのアッパーは、拳を下から上に突き上げるパンチに見えますが、その前に身体全体が重力方向に落ちる動きがあって（Vの前半）、最高点に向かいながら拳もあがる（Vの後半）全身運動です。強い力士は相手と組みあった時、地面と平行に直線的に前に出ず、小さなVを繰り返して相手と地球の間の位置を取りながら前に出ます。このように一流のアスリートやパフォーマーの動きは、重力を味方につけ、重力を乗りこなすヒントに満ちています。

みなさんと共有したかったのは「重力という視点」です。動きを観察するとき、「垂直方向の動き」にも注目してみる。自分が動くときにも「あ、重力を使えた」「重力に逆らって動いた」「この動きだと後で疲れてくる」など、動きを形ではなく重力というモノサシで評価してみる。前後に動く、左右に動く、斜めに動く時にも重力を意識してみる。重力を使えた感覚、重力から生まれた力の反作用を使えた感覚を大切にする。「自分だけ」の意識で動いたときと、「自分プラス地球」の意識で動いたときの差を感じてみる。これらの視点があるだけでパフォーマンスが変わりますし、地球を味方にしながらダイナミックに動くことができるでしょう。

レントゲンからわかること

レントゲン-01　て、テ、手

手はどんな構造をしているでしょうか？

前腕の先に手首（手関節）があり、手のひら、そしてその反対側には手の甲があります。そこから5本の指が生えていて、いちばん先に爪がある。

これが正しいかといえば、もちろん正しいです。外見上そう見えますし、各部位にもそれぞれ名前がついていて、普通の人が日常生活を送る分には何の支障もないでしょう。

A：まずこの段階で、手や指をいろんな方向に動かしてみましょう。

では、今度は手のレントゲンを視てみましょう。

前腕を構成する2本の骨、橈骨と尺骨でつくられる手関節の関節面には、小さな骨がいくつも集まっています。これらの骨をまとめて手根骨《しゅこんこつ》と呼びますが、手根骨は8つの骨か

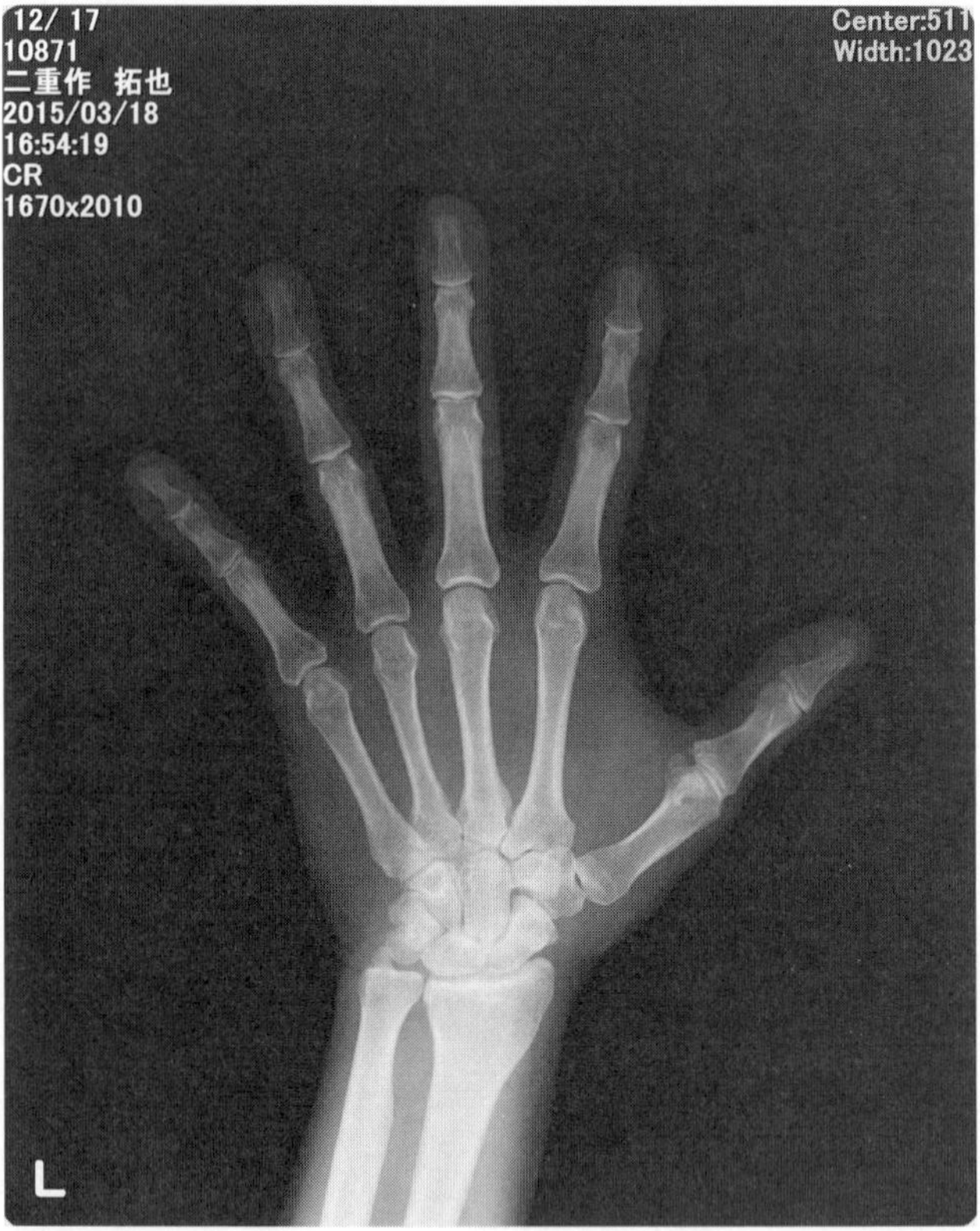
12/ 17
10871
二重作 拓也
2015/03/18
16:54:19
CR
1670x2010
Center:511
Width:1023
L

手のレントゲン

らできています。（ご興味のある方はさらに調べていただくとして）手根骨には5つの骨が連結しています。それらを中手骨《ちゅうしゅこつ》と言い、親指側から、第1中手骨、第2中手骨、と名前がついていて、第5中手骨まであります。中手骨は基節骨《きせつこつ》、中節骨《ちゅうせつこつ》、そして末節骨《まっせつこつ》に連なります。親指だけは中節骨がないので、基節骨から末節骨に連結します。ちなみに一般的に言われる人差し指から小指までの第一関節、第二関節という呼び名は解剖学には無く、解剖学ではDIP関節、PIP関節と呼ばれます。

専門用語がずらずらっと出て参りましたが、このレントゲンをよく視ると、中手骨はかなり手関節に近いところから、指に向かって伸びていることがわかると思います。レントゲンを通じて「骨」を知ると、「指ってすごく長い」ようにも視えるのではないでしょうか。手首のちょい先から動きそうですよね。

このようにレントゲンの画像を脳にインプットしておいて、パートナーの力を借りて、「第1中手骨から第5中手骨までをバラバラに動かす」にトライしてみましょう。

これ、案外動きます。5つの中手骨、特に第2と第3、第3と第4の間は、パートナーに他動的に動かしてもらうと、「手のひら、手の甲ってこんなに動くのか！」とちょっと感動するくらいに動きます。

B：中手骨どうしを分離するように動かした後に、手や指をいろんな方向に動かしてみましょう。

これはもう、ほとんど別の生き物じゃないか、というくらい動きます。もちろんピアニストやギタリスト、手のタレントさんなど、手の器用さ、動きの美しさが主武器のプロにとっては常識なのでしょうが、AとBを比べる、もしくは、片手だけにBを適応して比較すると、違いがハッキリわかるはずです。

レントゲン－02　パー、グー

では、今度は2人組で手を使って実験してみましょう。

プレイヤーはパートナーの前腕の末梢側（手関節に近いところ）を握ってみます。握られたパートナーは、あまり勢

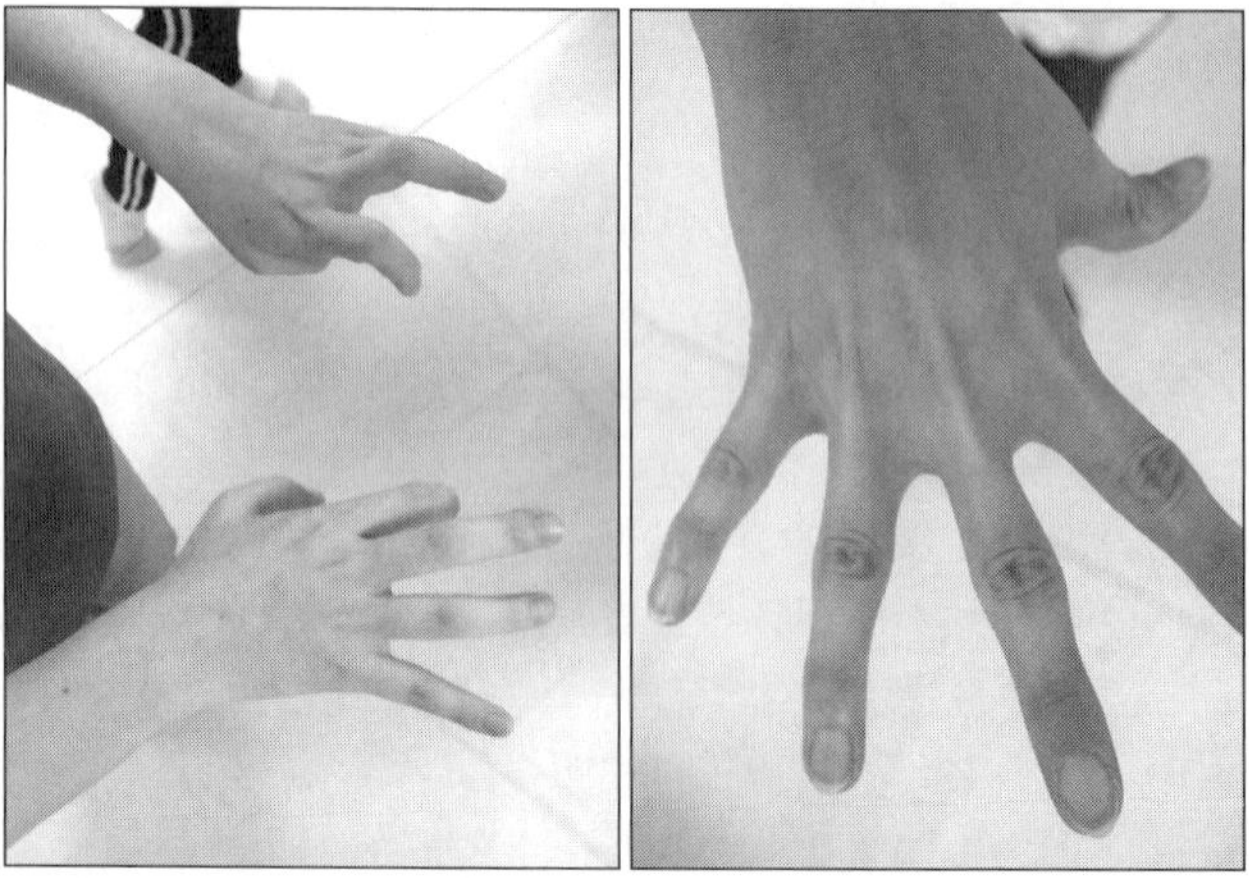

手の甲や指をじっくり見たり、いろんな方向へ動かしてみましょう

いをつけずにゆっくり片手でパートナーの手を振りほどきます。関節技などは使わず、普通にちょっとひっぱる感じでやってみましょう。
この時、次の2つの握り方を試してみます。

A：パーからグーで握る。
B：小指、薬指、中指、人差し指、親指、の順番で一本一本別々に握る。

AとB、どちらが外れにくかったでしょうか？　これはおそらくBでしょう。最終的に握った形は同じであっても、AとBは全く違う運動です。Aは5本の指が同じタイミングで屈曲するので、「親指以外の4本がひとつのセットとなって」動いています。まるで親指とそれ以外の指が分離されたテブクロで握るようなもので、力の方向が一方向なのです。
対するBは脳からの運動指令も5つ別々に出ているため、Aよりも時間差をもって、立体的に摑んでいます。筋力も「まとめて」ではなく、「1本、1本それぞれに」出力されますから、大きな筋力が発揮されるんですね。時間差と共に、立体的に摑んでいる形になっていますから、手が相手（パートナー）の動きについていきやすく、外れにくくなるのです。摑まれたパートナーも、AとBでは摑まれている感じが全く異なるのがわかるのではないでしょうか？

このように握り方ひとつとっても、どう握るか、で筋の出力や動きへの対応が大きく変わってきます。

レントゲン－03　小指と薬指

今度は、手関節（手首）の動きについて、考えてみましょう。

A：手招きをするように、手首から先をカクッと倒してみましょう。（屈曲）

このときのだいたいの角度を記憶しておいてください。

次は以下です。

B：ほんの少し（10度〜15度くらい）だけ、手を小指側に倒してから、Aと同じように手関節をカクッと倒してみましょう。

このときの角度は、Aと比べてどうでしょうか？　わずかながら、Bのほうが深く屈曲できたと思います。なぜこんな違いが生じるのでしょうか？

ヒントはレントゲンにあります。私たちの手関節の関節面は、レントゲンのように少しだけ斜めになっています。前腕側、橈骨と尺骨でつくる関節面、親指側が上がって、小指側が下がっているのが見て取れると思います。

このまま手のひら側に倒すと斜めになっているから、関節面の親指側がぶつかってしまいます。これを少し小指側に倒すと、手首から先が関節面に対して垂直になるため、可動範囲が大きくなるのです。

ひとつ前の実験で小指から摑む、というのをやりましたが、小指と薬指を途中まで屈曲しても似たようなことが起きます。小指と薬指を屈曲しながら、手関節を手のひら側にカクッと倒してみましょう。小指と薬指を屈曲する段階で、手関節から先が、小指側にシフトする、尺屈《しゃっくつ》という動きが入るのがわかると思います。

レントゲン－04　ボールの握り方

「小指と薬指を屈曲しながら手関節を掌屈《しょうくつ》、つまり手のひら側に倒すと、その角度はほんの少し大きくなる」この小さな医学的背景は、時としてパフォーマンスの大きな差として表れます。

ボールを投げる際、

A：「パー、グー」で、つまり5本の指で「同期的に」握って、投げる。

B：小指から順に一本一本の指でボールを握って、投げる。

もうお分かりですね。Aは投球動作の際、どうしても途中で「カツン」とロックしてしまいます。Bのようにボールを丁寧に握れば、スムーズに投げられるということです。直立二足歩行を獲得した私たちの手は、木の実や果実を手で「もぎる」運動と共に発達してきたという説があります。たしかに「もぎる」は、パー、グーで握るよりも、小指から順番に握ったほうが上手くいきます。進化の過程で獲得した手の特性を、現代人はスポーツや音楽、舞踊などの身体芸術に応用しているというわけですね。

投球のレベルを少しでも上げるため、全国の野球少年たちは日々汗を流しているわけですが、ボールの握り方、ボールの摑み方、が変わらなければ、いくら投げ方を練習しても限界があります。投球の度に、手関節面の親指側に機械的ストレスが生じることになるからです。私も外来で、手関節や肘関節、肩関節を痛めた野球少年を診察する機会がありますが、「ボールを摑むところから動きが変わる」と、各関節のダメージが軽減される症例を経験しています。人間の身体はつながっているから、ボールに関わる最初の運動、「握る」がパフォーマンスはもちろん、選手生命にも影響してくるというわけです。

武道の型、仏像のポーズなどで、小指と薬指が屈曲し、人指し指と中指が伸展しているものがあります。これらも写真や映像が存在しない時代において、「手は小指から握る」のメッセージが含まれていると考えられます。柔道や柔術で相手の道着を摑むとき、バットやラケットをもって動かすとき、竹刀や剣を手にするとき、前述のようなボールや石を摑んで投げるとき、さらに洗濯物のタオルを取り込むときにも、「小指から順番に握る」は効

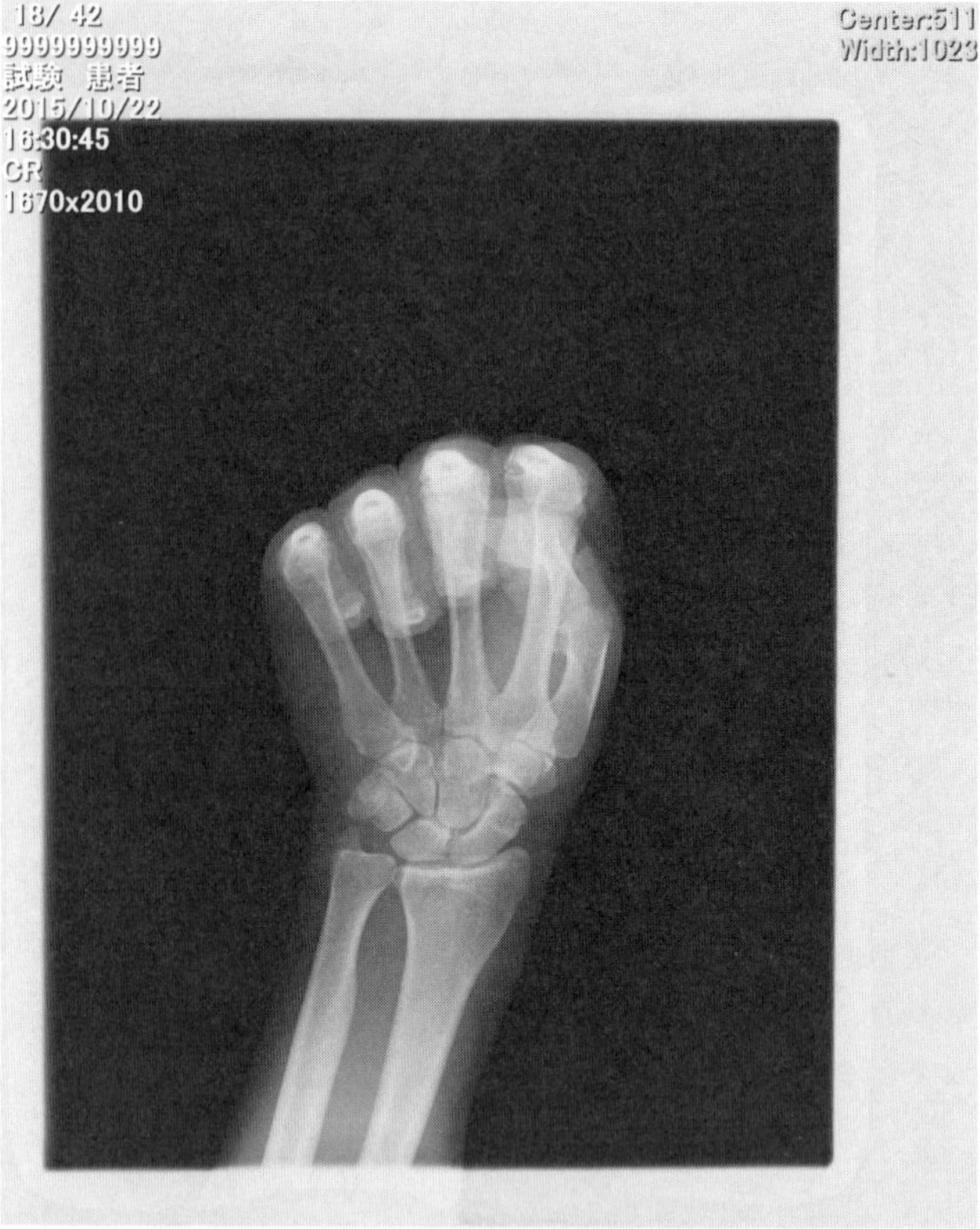

小指から握った拳の状態のレントゲン

果を発揮します。

わたしも小指から握った拳をレントゲンで確認したのですが、「小指から握ると手関節の関節面が平行となる」ことが確認され、拳で打った時の反作用が手関節に集中しにくくなるのを実感できました。

レントゲンには、大きな差を生む小さなヒントがありました。

レントゲン－05　地球との接地

レントゲンを視ると、手同様、足もたくさんの骨が集まっているのがわかります。足は感覚入力、運動出力、そして衝撃吸収という重要な機能を担っています。

それでは座った状態で、片方の足を選んで他動的に動かしてみましょう。つま先のほうからDIP関節、PIP関節とIP関節、MP関節、リスフラン関節、ショパール関節。これらをレントゲンで確認しながら、手で動かしてみます。足の甲の部分にあたる5本の中足骨も、それぞれバラバラに動かしてしてみましょう。足の甲が固定された面ではないことを確認できると思います。

それからカカトの骨である踵骨《しょうこつ》をもって距骨下関節を動かし、最後に足全体を手で持って、下腿（脛の部分）と足を連結する距腿《きょたい》関節を動かしてみます。それぞれの関節が外力によってかなり動く、立体的な構造であることがわかると思います。

このアプローチを丁寧に行った後、立ち上がって地面を踏んでみると、ピタッとフロアに吸いつくような感覚が得られるかと思います。また反対側と比べても、足の動く範囲、動きの滑らかさに差が出ます。

足は、立位時に地球と接する唯一の部位です。足には固有感覚の受容器がたくさんあり、絶えず変化する接地面からの情報をリアルタイムに中枢に伝えながら、その瞬間、瞬間にベストな運動を出力する、というかなり高度なことをやってのけています。（足関節のねん挫などで靱帯損傷を起こしてそのあと「下手」になるのは、機械的な問題だけではなく、靱帯にある固有感覚器からの中枢への情報が減ってしまうからです）

現代社会は、靴、靴下、スリッパ、ストッキング、ハイヒールなどで「足

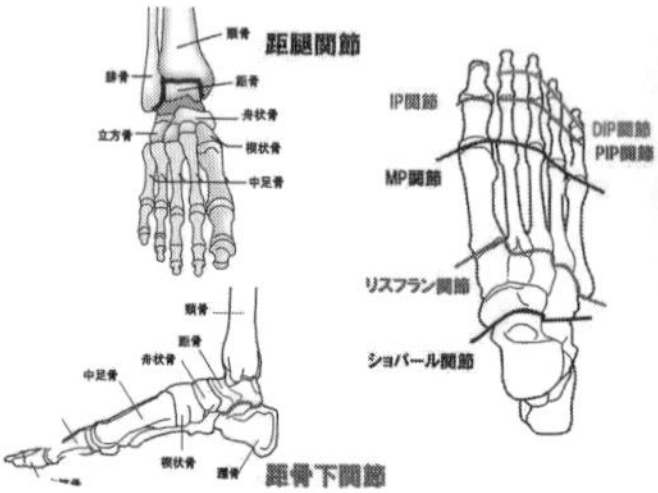

足の関節と骨の名称

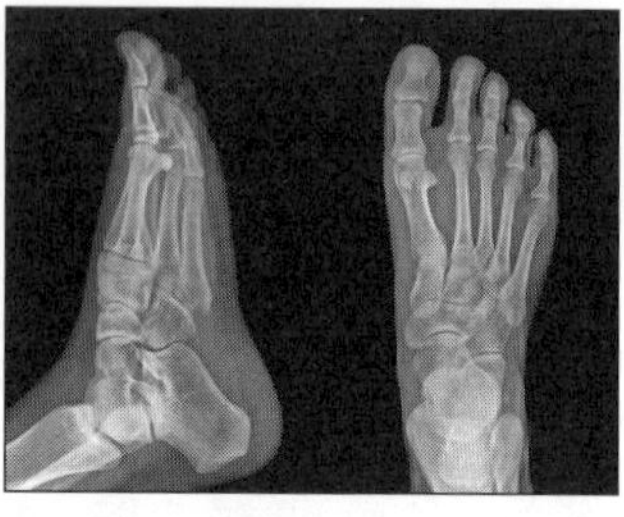
足のレントゲン

の拘束」が当たり前の生活ですが、足はもっと動くし、もっと動かせます。足は、徹底して機能向上に取り組む人が少ない分、パフォーマンス向上に影響しやすいパーツといえるでしょう。

レントゲン－06　動きやすさと腹横筋

呼吸のところで出てきましたが、「思いっ切り息をはいて、腹横筋を思いっ切り収縮させる」とどんな画像になるか、検証してみました。

Aは息をすったところ
Bは息をはいたところ

Aに比べてBは横隔膜がかなり上まで挙上していること、そして腹部の臓器が背中側、上下方向に寄ることがわかりま

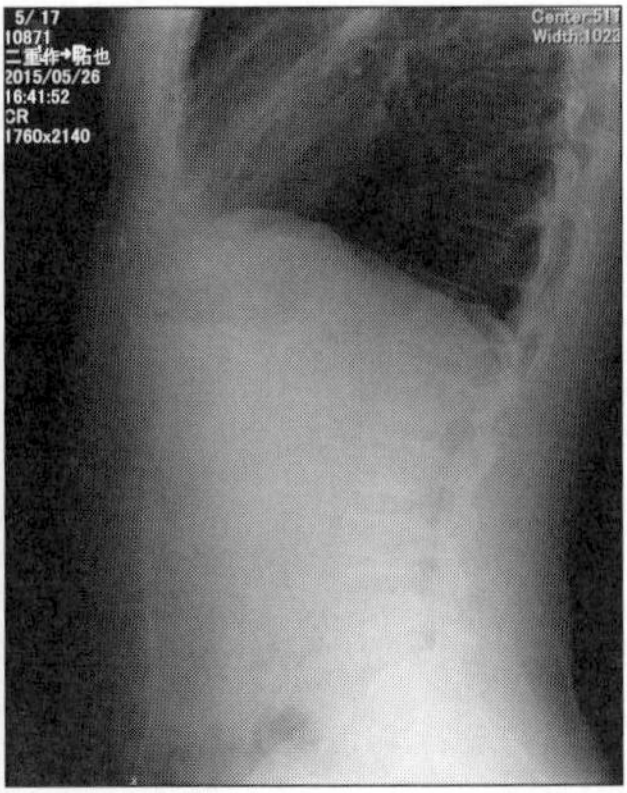

「A」息をすった状態の胸部のレントゲン

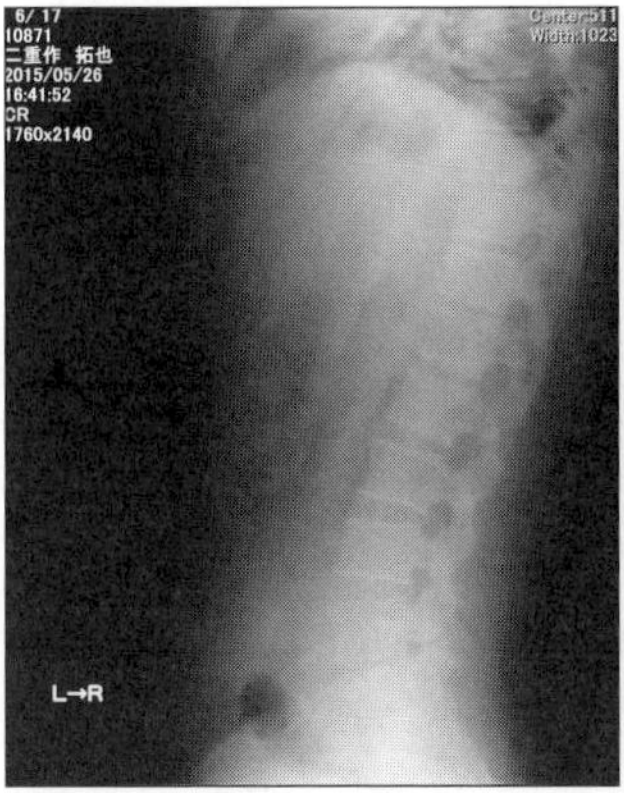

「B」息をはいた状態の胸部のレントゲン

した。

この結果から、ある比較を試みてみました。

A：息を吸いながら、足を高く挙上する。

B：息をはきながら、足を高く挙上する。

Bのほうが高く上がったのですがその理由として、「腹横筋の収縮により足を挙上する際に物理的に邪魔になる腹部の臓器が背中側に寄ったため」ではないかと考えています。

またいわゆる仰向けに寝て、上半身を挙上するいわゆる腹筋運動も、息をはきながら腹横筋を収縮させて行った方が、お腹が引っかかりにくく、動きやすい感じを得ることができました。

また格闘技では、腹部に打撃を受けるとき「息をはきながらもらう」ほうがダメージが軽減される、ということが経験されますが、これも、腹横筋の収縮により、腹腔臓器を包む腹膜が背中側に移動しながら打撃を受けるため、刺激が軽減されるのではないか。そして息をはくことで横隔膜が挙上するため、外力による圧が逃げやすいのではないか。と考えています。格闘技では「息を止めない」が重要視されますが、スタミナや威力の面だけではなく、ダメージの軽減にも呼吸が大いに関係あるというわけです。

レントゲン－07　肩甲骨外転の威力

「肩甲骨を外転すると、凄いパワーが出るらしい」ということで、早速実験してみました。肩甲骨には6種類の動きがあって、左右の肩甲骨どうしが離れる方向に動くのを外転と言います。

実験はこんな感じでやりました。仰向けに寝て、両手を天井方向に突き上げます。プレイヤーの手の上に、パートナーが手を乗せて上から体重をかける、というものです。

A：肩甲骨をニュートラルの位置で行った場合
B：肩甲骨を外転させて行った場合

Bのほうが、大きな負荷に耐えられました。なんとパートナーが手の上に乗る、という

P183運動「B」のイメージ

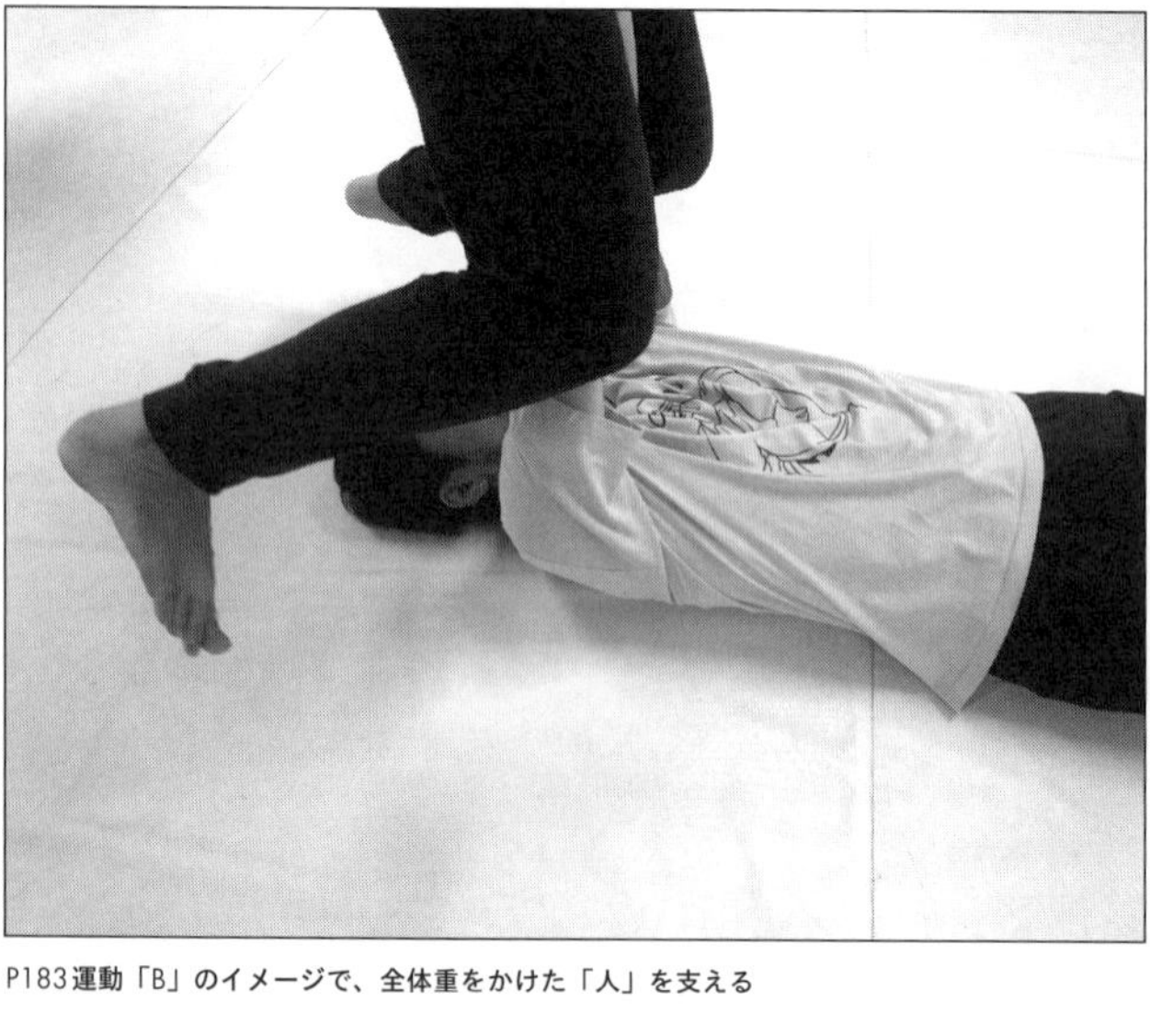

P183運動「B」のイメージで、全体重をかけた「人」を支える

ことも！　肩甲骨外転の威力を感じる実験でした。（行う場合は、ゆっくりと行ってください）
特に肘の角度は「上腕と前腕は真っ直ぐ一直線上」でお願いします。（女性など肘関節の可動域がオーバーする方の場合、肘に負荷が集中して危険なので）

Aは、肩甲骨がニュートラルの位置で、腕を前に突き出したもの。
Bは、肩甲骨を外転させて、腕を前に突き出したもの。

Aは、上腕骨の後ろ（画像下側）に直接的に関節が連なっていません。ですので、上腕から肩関節に向かう負荷を靱帯や筋、腱などの軟らかい組織（軟部組織）が受けることになります。

Bは、上腕骨の丸い部分、上腕骨頭を、肩甲骨側の関節面が受ける形になっています。上腕骨が受けた負荷を、肩甲骨が、つまり骨で受けているのです。肩甲骨といくつかの肋骨は筋肉でつながっていて、外転すると前鋸筋《ぜんきょきん》が強く収縮し、まるで肩甲骨と肋骨が一体化したような固定感が得られます。ですので、肩甲骨を外転すると、上腕から伝わる大きな負荷を支える「構造上の強さ」と「筋力発揮」がみられるというわけです。

ボクシングでのストレートやカラテに伝わる正拳突きでは、よく「脇を締めて打て」と言われますが、脇を締める（肘や上腕を体幹にくっつけるように寄せる）とたしかに肩甲骨が外転しやすくなり、当たった時の反作用を関節面で垂直に近く受けることができます。

レントゲン－08　構造を知る↓動きが変わる

「どうやったら足が高くあがるか？」を知りたくて放射線を浴びてみました。被曝したため「透ケルトン」というどうしようもない末期的なダジャレしか出てきませんが、どうかご容赦ください。

仰向けに寝て、股関節を屈曲（膝が胸に向かう方向の動き）して撮影したところ、膝蓋骨《しつがいこつ》（膝のお皿の骨のこと）の高さは第12胸椎のレベルになりました。

「うーん、どうも上がってる気がしない」と思ったので、今度は屈曲しつつ、少し外転を加え、膝蓋骨が同側の肩に近づくように上げてみると……膝蓋骨は第7胸椎のレベルに達しました。もちろん個体差はありますし、これは著者のワンケースを撮影しただけですので、一般化はできませんが、股関節の動かし方によって膝の高さが変わるということがわかりました。

なぜこのようになるのでしょうか？　股関節部分の構造上、骨盤が斜めになっているからです。身体が真正面を向いている場合、正面方向に足を上げていくと、骨盤と大腿骨が途中でカツンと当たってしまう。斜め45度くらい外側に向かって足を上げていくと、骨盤と大腿骨がぶつからず、足が上がりやすくなる、というわけです。

この構造と動きの関係を知らないまま、「足が高く上がらない」→「もっとやらなきゃ」と考えて、とにかく回数を重ねる、ひたすらストレッチに励んでいる方も少なくないようです。やっているうちに構造と動きの関係に気がつけばグンと

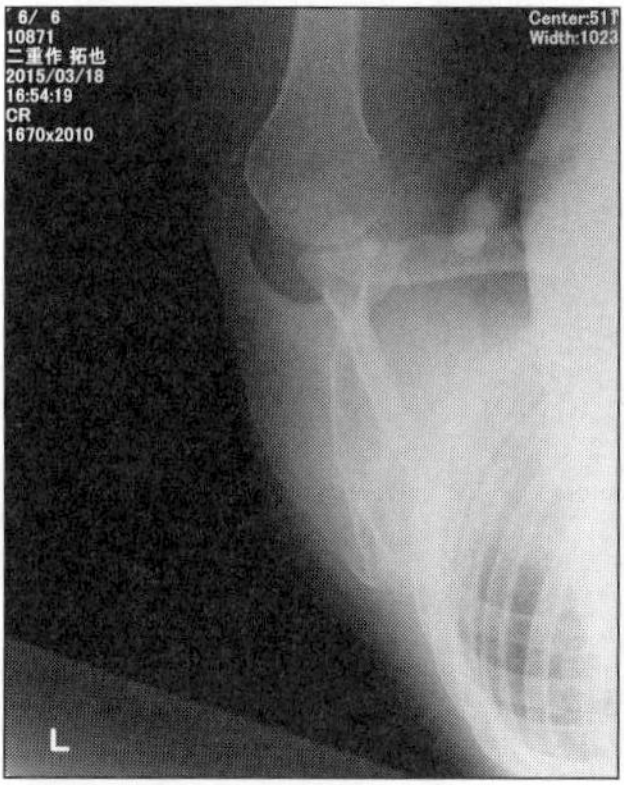

第7胸椎のレントゲン

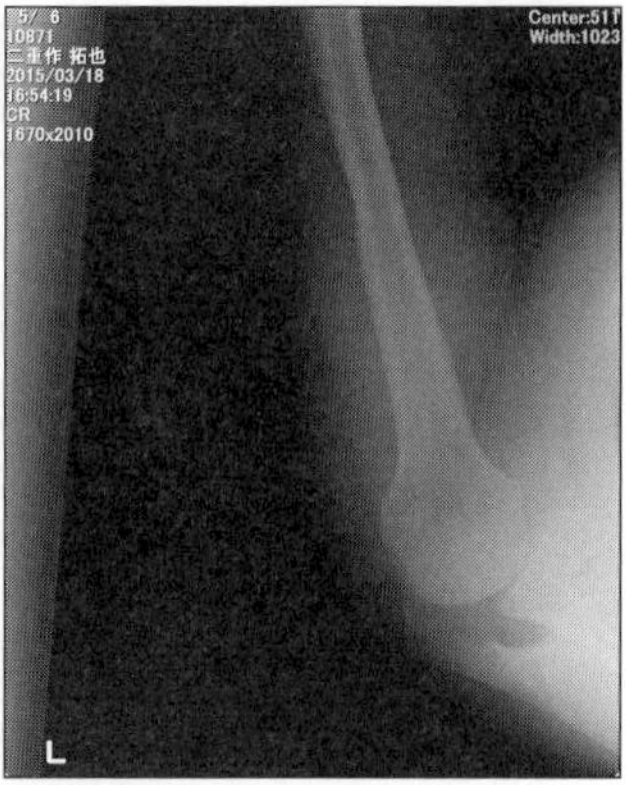

第12胸椎のレントゲン

大きく伸びるのですが、気づかないまま「向いてない」「才能がない」と判断してしまうのも実に勿体ない話ですよね。「知っているか、知らないか」は、前提そのものであり、知っているだけで結果が大きく変わることがあります。レントゲンで内部を知る、というのも上達への道だと思います。

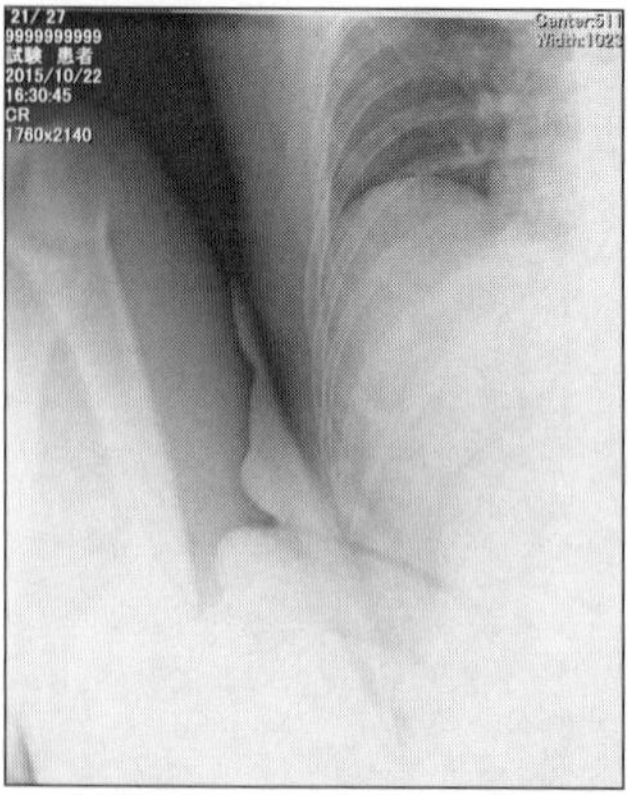

股関節を屈曲しつつ、少し外転を加え、膝蓋骨が同側の肩に近づくように上げた状態

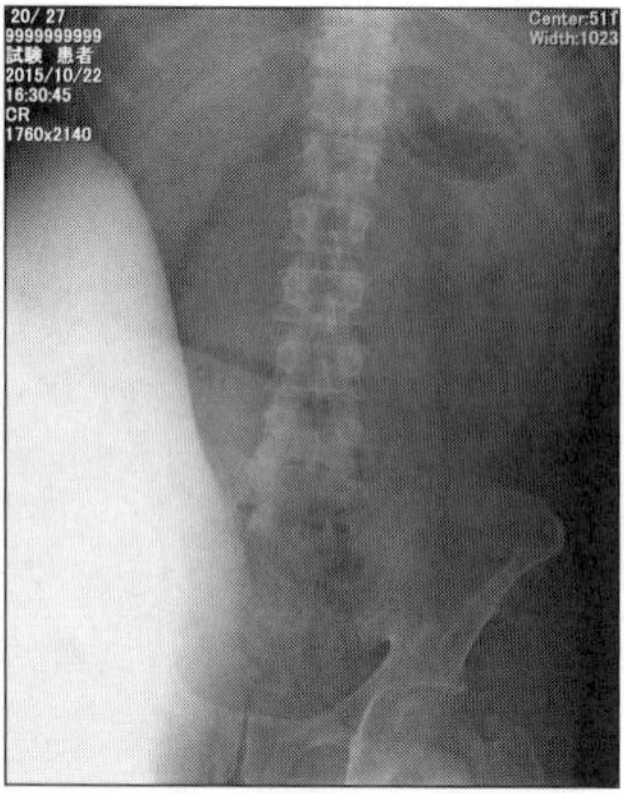

股関節を屈曲した状態

第3章 静かなる強化

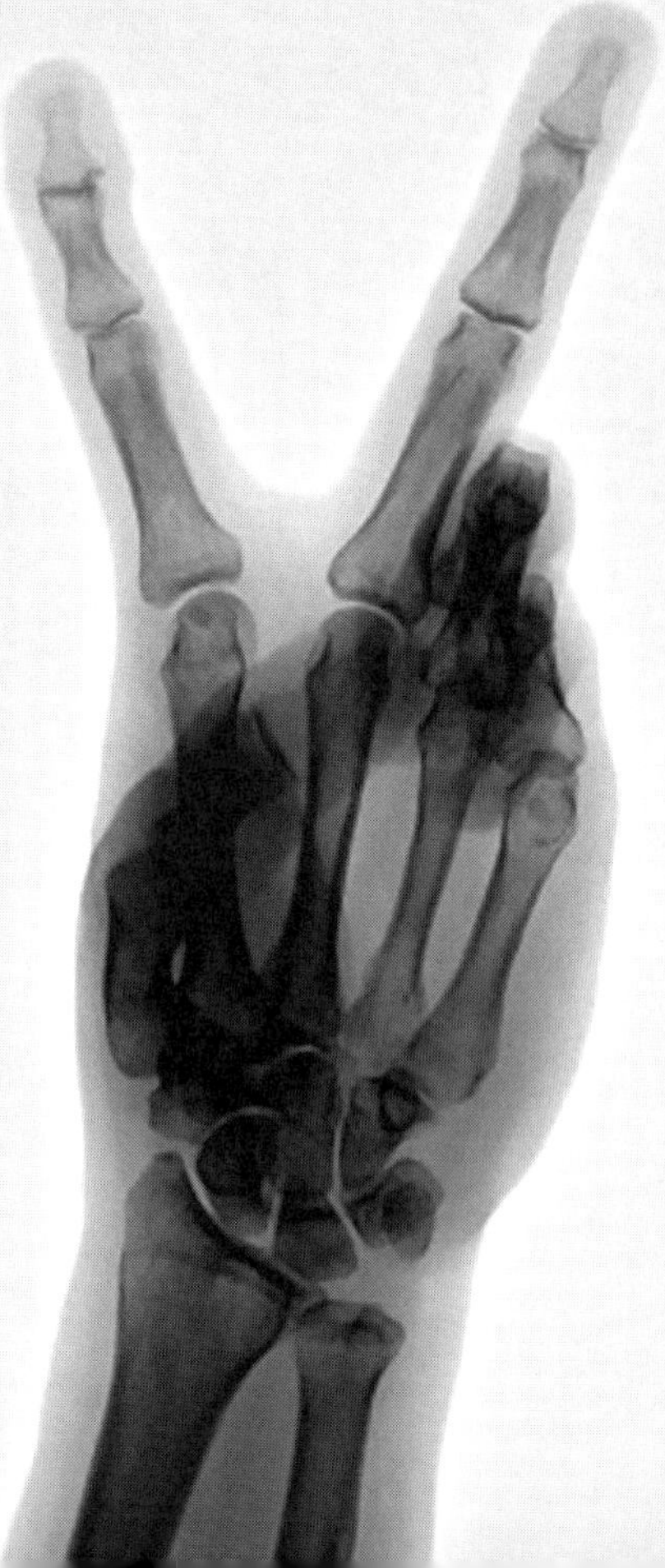

ウォーミングアップ

さて、本書『パフォーマンス医学』もいよいよ最終章へと突入します。ここまで、様々な角度から、脳における運動イメージを使いこなし、身体のポテンシャルを引き出す試みを共有してきました。第3章では、パフォーマンスの礎となる「ウォーミングアップ」や「睡眠」、そして一見すると身体とは無関係とも思える「言葉」などついてフォーカスしてみたいと思います。派手さはありませんが、パフォーマンス全体に影響を及ぼす、氷山の水面下の部分です。

01 ウォーミングアップとは？

私はいろんな現場でパフォーマーがウォーミングアップをしている様子を視る機会に恵まれます。スポーツドクターとしての興味もあり「普段、どのようなウォーミングアップからやっていますか？」と聞くと、「私はストレッチからやっています」という人が半数以上を占めます。ジムや稽古場、フィールドの芝生の上で、関節可動域をＭＡＸまで拡大し、手足を遠くまで伸ばしていく……。なぜか我が国では「ウォーミングアップ＝ストレッチ」の暗黙の公式が出来上がっていて、「まずは」「とりあえず」と居酒屋で生ビールをオーダーするように行われている現状がありますが、そして練習前や試合前に入念なストレッチをしていると、「きちんと準備してる真面目な人」に見えてしまうのですが……。スポーツ医学的な観点から「せっかくやるなら……」と思うこともしばしばです。ですので、ここではウォーミングアップにおける医学的背景などを共有して参ります。

「ウォーミングアップとは何のためにやるのか？」ここから参りましょう。スムーズな身体の運用、怪我の予防、など各論はあるものの、主な目的は「ベストパフォーマンスを発揮するため」でありましょう。「ベスト」を考えるには、まず「ベストじゃない」から考えましょう。

少なくとも病気や怪我は無い（健康体）という前提で、まだ眠っている時に突然、誰かから起こされ、まだ頭がボーっとした状態で、「最初の打席でホームランを打て」と監督に言われたら、どうでしょう？　これは流石にプロでもきついはずです。少なくとも、できる確率は低くなってしまうでしょう。なぜなら脳と身体がまだ覚醒していないからです。

ここで押さえておきたいのは、私たちの脳と身体は「相反する作用で恒常性を維持している」という医学的事実です。たとえば、我々の骨は外見上、変化がないように見えますが、骨をつくる造骨細胞《ぞうこつさいぼう》と骨をこわす破骨細胞《はこつさいぼう》が、「つくっては壊し」をくり返しています。なんでそんなことをするのか？　骨は身体を支えるだけではなく、電解質としてのカルシウムの貯蔵庫でもあります。カルシウムは筋肉の収縮において非常に重要な役割を担っていて、カルシウム流入が筋収縮のトリガーとなるため、絶対に不足してはいけない電解質のひとつです。ですから、普段は骨に十分蓄えておいて、不足時には破骨細胞が活性化、カルシウムを骨からぶんどってきて筋の収縮に使う、ということをやります。糖のコントロールも同様で、分子レベルでは「糖を増やす、糖を壊す」を繰り返していて血糖値を一定に保っています。突然の飢餓などで急に糖が必要になった場合、「糖を壊す、をやめる」ことで糖を一気に増やして確保します。糖は脳の栄養源ですから、枯渇してはまずいので、いつでも増やせるように準備しているわけです。このように、私たちは体内でいつも綱引きをしながら、「いい感じ」を維持しています。

体温、代謝、血圧、心拍数、呼吸、消化、発汗、排尿などを制御する自律神経系のシステム。これらも交感神経系と副交感神経系、２つの系統が互いに綱引きをするようにバランスを取っています。

交感神経系が優位に働くと、身体はファイトorフライト（闘うか逃げるか）反応を見せます。これは大昔、野生動物などの外敵から身を守る必要があったため、危険を察知すると本能的に「闘う」または「逃げる」システムが体に備わっているのです。「戦闘モード、逃走モード」になると交感神経系が優位となり、身体も変化します。より多くの視覚情報を得るために瞳孔は大きく開き、筋肉に血液を送るため心拍数や血圧が上がり、消化吸収のために腹部の消化器や内臓に溜まっていた血液が筋肉に移動します。戦うためには酸素も大量に必要ですから、気管支は拡張し、ガス交換も活発になります。「今から戦うぞ！」っていう時に「あの、すいません、ケンカの前にトイレに行っていいすか？」となっては困りますから、消化管や泌尿器系の機能は抑制されます。（「せっかくだから、一緒に行きますか！」となって仲良くなれば素敵ですけど）これが副交感神経系が優位になるとこれらと逆のことが起こり、心拍数や血圧は下がり、抑制されていた消化器系や泌尿器系が活発に働き、摂取した栄養を分解、吸収、蓄積する作業に入ります。

朝目覚めた時、身体は副交感神経系優位から、交感神経系優位にモードチェンジしますが、瞬時に万全の態勢には至りません。朝起きた時、なんとなくボーっとしたり、ハッキリしなかったり、激しい運動をしたくならないのは、副交感神経系優位の状態を引きずっているからなのです。

ですから、ベストなパフォーマンスに近づくためのウォーミングアップは、交感神経系優位に大きく切り替えるために行われるとよいのです。まだ身体が動いていないとき、血液の多くは内臓に集まっていますが、この血液の分布を骨格筋群に移す、というところからスタートします。それには軽くジョギングしたり、ゆるやかな体操をしたり、と全身運動をしながら、内臓に集まった血液を骨格筋群に分布させる必要がある、ということです。

医学の世界ではこれを血流再分布といいますが、この血流再分布を行わずにいきなりストレッチをやってしまうと、筋肉や腱などに血流が十分に行きわたっていない状態で外力によって引き伸ばすことになるため、微細な損傷を起こしやすくなります。

10分ほど軽く動いて心拍数を上げ、額が汗ばむくらいの頃には、筋肉や腱の温度も上がっていますので、ストレッチをやるなら、このタイミングの方が効果的であり、ウォーミングアップとしても理に適っています。

と、ここまでは「どうせやるなら、この方がいいかも」と考え、ウォーミングアップについて記しましたが、もうひとつ大切なことを共有したいと思います。それは（ウォーミングアップを含めて）何かの方法を行うことで失われるものもある、ということです。本書はパフォーマンスを向上させるための医学がコンセプトですので、「ある特定の方法を推す」のではなく、「複数の方法を試してみて脳と身体を知る」ところに主眼が置かれていきます。たしかにウォーミングアップやルーチンはパフォーマンス発揮に大切ではありますが、「ウォーミングアップしないと動けない」「ルーチンができないとしっくりこない」という心理状態に陥ってしまうのもまた勿体無いことです。

本番や試合会場に時間通り到着しないこともあるでしょう。たまたま憧れの俳優さんや監督に会うことができて「何か演技をやってみせて」といわれることもあるかもしれません。子供が不審者から危険な目に遭っている時に「ちょっとウォーミングアップさせて」というわけにもいかないでしょう。そんなとき必要なのは、「今この状態で何をどうやるのがいいか？」を自身の身体の状態を感じながら、適切に判断して動くことです。具体的には「急に」よりも「ゆっくり」、「いきなり」よりも「徐々に」、関節可動域は「フル」ではなく「余裕をもって」、筋力発揮は「全力」ではなく「抑制しながら」、「雑」に動かず、「丁寧に」というところでしょうか。

普段運動していないお父さんが、運動会で走ってアキレス腱を断裂した、なんて症例が頻繁にあるのも、「ウォーミングアップ不足」だけではなく「今の身体の状況にあっていない強度の運動をした」ことが原因なわけです。ですので、医学的に意味のあるウォーミングアップを行いつつも、「それだけ」に陥らないでほしいな、と思います。

02 それぞれの控室

ウォーミングアップに関連して、私が実際に見聞きしてきた景色を共有したいと思います。ブラックミュージックにおいて絶大な影響力のあるファンクの総帥、ジョージ・クリントンと彼のバンドメンバーは、ライヴ前に「バックステージで流す音楽」に気を配っていました。彼らはステージではファンクを中心にヒップホップ、ロックなどの楽曲をかなり自由なスタイルで演奏するのですが、控室ではバンドメンバーが「全くタイプの違う3曲」をピックアップしていました。

ある晩、選曲されたのはスタンダード・ジャズ、女性ボーカルの80年代ポップス、パーカッションの効きまくったラテン・ファンクの3曲。バンドメンバーはそれに合わせて歌い、手拍子をビートに合わせ、ホーンセクションは自身の演奏をかぶせ、ということをやります。それも全員揃って、ではなく、やりたいメンバーが自由に参加します。

なぜこういうことをやるのか？　興味をもった私は、トロンボーン奏者のグレッグ・ボイヤー氏に聞いたところ、「その日に聴いた音楽のフィーリングをステージに持ち込むと、演奏がアートになるんだ」とこたえてくれました。たとえ同じ演奏曲目であっても、毎日新しいフィーリングで演奏すれば、その時だけの作品になる。とても興味深いお話です。

あるカラテ王者は、試合の日の天候や湿度からトーナメントの作戦を立てていました。「今日はとにかく暑いから、多くの選手が水分を摂るだろう。であれば、ボディが打たれ弱くなるはず。しつこくボディ狙いで組み立てていけば、相手のスタミナを奪える」逆に寒い日には、「どこのチームよりも早く、長めにウォーミングアップをしよう。ほとんどの選手は1回戦、2回戦は動きが悪いだろうから、とにかく動くだけで有利に試合を運べる。

ウォーミングアップの時点で差がつけられるから、ここは丁寧にウォーミングアップしよう」といった具合です。

K－1などでも活躍したある有名なプロ選手のウォーミングアップは、非常にユニークかつアグレッシヴなものでした。道場の後輩たちを何人も控室に呼びこみ、簡易的なスパーリングを行い、「ローキックで倒す」という方法です。その選手のローキックは「面」ではなく、「点」で蹴るので、当たる面積が小さい分、痛覚に入力される刺激が何倍にもなります。靱帯や腱の付着部など、痛覚が密集しているポイントに点で合わせていく感覚を確認しながらバタバタとなぎ倒し、その感覚をそのままもってリングに上がっていました。

（後輩たちにDojoします）

逆に全くウォーミングアップをしない、という選手もいます。「トーナメントでは1回戦がウォーミングアップ」と決めていて、それで勝てなければそこまでだ、と思い込んで試合をしていました。たしかにスポーツとしては「アップをしたほうがいい」というスポーツ医学的な常識がありますが、真剣勝負の観点からは「その瞬間の自分を信じたほうがいい」という場合もあるのでしょう。

このようにそれぞれに、それぞれのウォーミングアップがあって、スタイルに反映しているとすれば、ウォーミングアップも奥深いなぁ、と感じます。

睡眠

01 睡眠とパフォーマンス

もっと上手くなりたい。もっと追求したい。もっと高みにいきたい。パフォーマンスの向上を目指す人たちにとって、そのような内的欲求は大切です。こればっかりは何かを伝えようもなければ、共有しようもなければ、サポートしようもないからです。特に若い時代には、多かれ少なかれ「寝食忘れて何かに没頭する」という経験から得られることもたくさんあって意義があると思います。

とはいえ、やはり睡眠は大切です。人間の身体は相反する作用で恒常性を維持していますから、睡眠時間を削って練習や活動をすると、交感神経系優位な時間がずっと続いてしまいます。身体的には「絶え間なく喧嘩をしている」「延々と逃げ続けている」状態に近づきます。「いつも戦っている」と「いつでも戦える」から遠のいてしまうんですね。せっかく練習しているのに、上手くなれないのはあまりに勿体ない！　ということで、ここでは睡眠とパフォーマンスについて、考えてみたいと思います。

アメリカのスタンフォード大学が行った研究によると、同大学のバスケットボール部員に毎日10時間睡眠を義務づけたところ、フリースローの成功率が9％アップし、逆に怪我をする選手の数は減るという結果になりました。睡眠とパフォーマンス向上は密接な関係にあることが示されたことで、アスリートには十分な睡眠時間の確保が推奨され、メジャーリーグやNBAではスタジアムやクラブハウス内にスリーピングルームや昼寝スポットがつくられるようになったのです。睡眠は「何もしていない時間」ではなく、「脳と身体のグレードアップの時間」です。その医学的背景を眺めてみましょう。

身体をつくる、スピードを落とさない

トレーニングや練習では、筋繊維が破壊されます。筋肉の強化とは、「適切な負荷をかけることで筋繊維が壊れ、その回復の過程で超回復が起き、筋肉は強く、太く再生される」ことです。この際、タンパク質の合成に成長ホルモンが関わるのですが、この分泌は睡眠中に主に行われ、午後10時から午前2時くらいに最大のピークを迎えます。この時間帯に成長ホルモンの分泌が不十分であれば、タンパク質の合成が上手くいかず、トレーニング

の効果も時間も勿体ないことになります。

また睡眠不足が続くとニューロンの発火が遅くなり、情報伝達に支障が出ることがわかっています。スピードが低下する、反応が遅れる、テクニックが落ちる、などに直結するとあれば、やはり睡眠不足はパフォーマンスにおけるハイリスク因子ですね。

新しいを長期保存する

「できなかったことができるようになった」「新しい知識や学びを得てさらに飛躍できる気がする」「今までと違うことを試してみたら上手くいきそう」そんな記憶を睡眠は長期記憶として保存してくれます。

脳の海馬《かいば》には、風景、音、触った感覚、匂い、振動、体内の感覚、すれ違った人の姿まで、1日のうちに取り込んだあらゆる情報が一時保存されています。海馬での記憶が何度も再生されると、脳内のハードディスクにあたる新皮質《しんぴしつ》のニューロンのネットワークに長期記憶として保存されると考えられています。

ドイツ・リューベック大学のディークケルマン氏らは「睡眠後わずか数分で海馬から新皮質への新情報の移動が始まり、40分の睡眠後には新たな記憶に妨害されない長期保存の領域に、十分な量の記憶が保管された」と報告しています。新しく学んだり、技術を修得したりした後は「長期保存させるために睡眠をとる」これはパフォーマンス向上にとって効果的な方法です。

アイディアが浮かぶ

「いいところまできてるんだけどな……」「何かが足りない、その何かがわからない……」「もっとよい表現や戦術はないだろうか？」何かを真摯に追求している人たちが必ずぶつかる壁です。しかしそういう時に頼もしい味方になってくれるのも睡眠です。

スペインの画家・ダリは自身の名作について「夢の中で見た光景を絵にかいた」と語っています。ドイツの化学者・ケクレはヘビが出てくる夢を見て6つの炭素が環状に並ぶベンゼン環の構造を思いつきました。世界的音楽家、ポール・マッカートニーはバンドを代表する曲のひとつ「イエスタデイ」のメロディーを夢から覚めたときに思いついたそうです。当時弱冠22歳のラリー・ペイジはウェブに関する夢を見て、グーグルの検索エンジンの原型となるアルゴリズムを開発しています。睡眠中には、覚醒時には抑制されていた記憶と記憶がランダムに結合する可能性があり、睡眠は新しいアイディアや閃きにつながると考えられています。「あとは夢にまかせた」は案外、ベストに近いのかもしれません。

脳内ビッグウェーヴが浄化する

睡眠不足が続くとなんか調子が悪かったり、すぐに感情的になってしまったり、やる気が消失したりすることがあります。ひとりでやっているならまだそのマイナスの影響もコントロールできる場合もありますが、チームやグループでやっている場合は特に、睡眠不足は負の方向に大きく影響します。なんとなく感覚としてわかっていたものの、それを組織レベルで突き止めたのが、ボストン大学のローラ・ルイスらの研究です。その内容は、睡眠中に脳脊髄液《のうせきずいえき》のゆるやかな大波が、脳を洗い流す、というものです。脳はノンレム睡眠（急速眼球運動REMを伴わない深い睡眠モード）に入るとニューロンの活動は同期し始め、脳全体が同時にオン／オフを切り替えるようになります。ニューロンが発火をやめると、必要となる酸素量が減少して、脳への血流量が少なくなります。

その余白を埋めるように、脳脊髄液の大きな波が脳内を循環して、蓄積したβアミロイドなどの代謝副産物を洗い流すことがわかったのです。βアミロイドは、アルツハイマー病の主たる原因物質であり、脳細胞を破壊し、脳全体の萎縮を招いてしまいます。睡眠不足だと調子が悪い、その原因が脳に不要な物質が蓄積して起きている可能性があるわけで、心理的、感覚的な問題ではなく、物理的、化学的な問題であるということです。（部屋が荷物だらけで足の踏み場が無ければ、そりゃ機能不全を起こすでしょ、というわかりやすさがあります）

意図的な運動が脳で生じる以上、脳のコンディションは重要です。「脳の浄化のために」「パフォーマンス向上のために」さらには「健康で活動できる期間を長くするために」も睡眠を大切にしたいところです。

02 "Good Morning"は"Good Night"の次にやってくる

日本人は諸外国に比べて睡眠時間が圧倒的に少ないです。国際機関ＯＥＣＤ（経済協力開発機構）による調査によれば、アメリカは8時間51分、フランス8時間33分。イギリス8時間28分。日本人の睡眠時間は33か国中でワースト1位の7時間22分。「ほとんどの国民が慢性的睡眠不足に陥っている」状態です。よく眠れたかどうかのひとつの目安は「朝起きたときに倦怠感がなくやる気に満ちているかどうか」です。「身体がだるい、やる気が出ない」は睡眠不足のサインですので、そのような感覚がある方は、ぜひ睡眠を見直してみていただければと思います。それでは、快眠へのヒントをいくつかご紹介します。

90分前に入浴を

眠気は体温が下がるときに引き起こされるため、ベッドに入る約90分前に入浴して一時的に体温を高め、ふとんに入る頃に体温が下がると寝つきが良くなると考えられています。熱すぎるお湯に浸かると交感神経系が優位になり身体が戦闘モードになってしまいますので、リラックスしやすい38℃〜40℃の銭湯モードで。

脳に「夜」をインプット

人間はもともと洞窟などの安全で暗い場所で眠っていたので、照明を消す、遮光カーテンを使うなどして暗い環境を作り出し、脳に「眠ってOK」と教えるようにします。夕方以降の遅い時間に試合を控えたアスリートには、日中遮光カーテンを閉じて明るさを夜に近い状態にし、試合時間にピークが来るように睡眠を調節する選手もいます。

デジタル機器から距離をとる

寝る直前までPCやスマホを操作したり、テレビを観ていたりすると、画面から発せられる光によって脳が昼間だと勘違いして覚醒し、熟睡しづらくなります。就寝時間が近づいたら電源を切るか、スマホはベッドから離した位置に置き、デジタルデトックスを。

BPMを下げる

入眠前に好きな音楽を聴く人も多いでしょう。リズムやビートが激しすぎる曲は交感神経系を高めてしまい、脳を覚醒させるため、副交感神経系を優位にする穏やかな曲、スローな曲がおすすめです。ちなみに音楽用語のBPM（1分間でのビートの回数）と医学用語のbpm（1分間での心拍数）は現実場面でもリンクしていて、プロの音楽家の中には時間帯によってかける音楽をきちんと管理している方もいるほどです。

光で目覚めるほうがいい

人間は「太陽光の明るさで目を覚ます」が基本であり、「睡眠中の音は危険を知らせるサイン」です。ですから大音量アラームで快眠を遮断すると心臓に過度なストレスがかかります。アラームは負担にならない音量に設定し、アラームがなくても決まった時間に起きる習慣を体に覚えさせるほうが、身体に優しいといえるでしょう。

ショートスリーパーは遺伝子による

カリフォルニア大学の研究で「ショートスリーパーは睡眠に関わる遺伝子に変異がある」ことがわかっています。この変異遺伝子をもっている人は、長時間活動的な状態でいられる脳をもっています。遺伝子で規定されている以上、「誰でもショートスリーパーになれる」的なあやしい情報とは、距離を取ったほうがいいでしょう。

「精神的スランプからはなかなか抜け出すことはできない。根本的な原因は食事や睡眠など基本的なところにあるのに、それ以外のところに原因を探そうとする」これは日本プロ野球史上唯一の3度の三冠王に輝き、野球史にその名を刻んだ落合博満氏の言葉です。

彼の言葉通り、睡眠について医学的背景がどんどん明らかになってきて、睡眠は削られるものから、十分に確保されるべきものとして認識が改まりつつあります。日々の練習や鍛錬で培った筋力、テクニック、スピード、知力、戦術、さらに健康や選手生命までが、睡眠不足によって壊されてしまうのは勿体ないですよね。逆に言えば、Good Night には飛躍のヒントがあるということですから、スランプにある時は、ぜひパフォーマンス向上の観点から、睡眠を見つめ直してみましょう。では、おやすみなさいｚｚｚ。

学びとパフォーマンス

01 「気づき」と「学び」

パフォーマンス追求の最大の魅力、それは「気づき」ではないでしょうか。ずっと手探りでやっていたことが、あるとき「あ！　こうやれば上手くいく」と気づく。あるいは、いままで「こうだろう」と思っていたことが、やっていくうちに「全く違うものだった」ことに気づく。感動でもあり、ショックでもあり、何かを追求し続ける動機でもあるでしょう。ものの見方が変わり、世界が違って見える。何かを真摯に追求しているからこそ、その恩恵を受けられるのかも知れません。

パフォーマンス医学、ラストのテーマは「学び」です。何かを学ぶことで脳の記憶は更新され、最新の状態になります。最新＝最高というわけではありませんが、少しでも脳をベストの状態にできたら、そこから具現化されるパフォーマンスはきっと良いものになるでしょう。ここで言う学びとは、書物や机上で得られる知識に限りません。もっと広義な学びで、その気になれば見つけられる向上のきっかけです。早速、見て参りましょう。

02 ジェスチャーは語る

もしかしたら「こうじゃないかな」と思っていたこと。根拠ははっきりしないけど、なんとなく経験的に感じていたこと。ずっと昔から伝わり大切にされていたこと。などなどいろいろな動きの背景が、医科学の進歩によってわかるようになりました。

英語圏の映画やドラマなどで登場人物がショッキングなシーンに出くわしたとき、「OMG!」と言いながら、手で眼を覆うようなシーンがあります。このジェスチャーは、アシュネル反射を使った身体を守る動きです。アシュネル反射とは、眼球を軽く押さえると、眼の奥にある三叉神経に刺激が入り、迷走神経反射が起きる、というものです。迷走神経反射は心拍数を下げる方向に働きますので、「OMG!」とショッキングな場面でのあのジェスチャーが心拍数を抑えて、過緊張状態を緩和する、ということです。

このような背景を知ると、再現性も出てくるし、応用しやすくなりますよね。本番前で気持ちが高ぶって仕方がないときに、アイマスクを使うとか、眼の上にアイスパッドを置いたりすると、緊張が緩和される可能性がある、というわけですね。（あくまでも軽く、いざという時に）私自身、アシュネル反射というものを知ったのは、医学の勉強を始めてからでしたが、古くから行われているジェスチャーにも、身体上の意味がきちんとあるんだなぁ、と深く感動したのを覚えています。

他にも、拒絶するときは相手に手のひらを向けますが、そのとき肘関節は回内《かいない》という動きを行っていて、上腕三頭筋、つまり肘を伸ばす筋肉がパワーを発揮しやすい形をとっています。相手を迎え入れて「手招きする」とき、あるいは「抱きしめるとき」には、自分側に手のひらを向けて、肘関節を回外して、上腕二頭筋を収縮させやすいジェスチャーになります。ファイティングポーズで手のひらがどっちを向いているかで相手のタイプを判別することもできますし、演者として人前に立つときに手や腕はどのような形にするのがいいか、あるいは監督やコーチが選手をねぎらうときにはどのような姿勢がいいか、など、手の向き、上肢の向きはかなり大切です。

アーチェリーや弓道で弓を引いたときの姿勢にも、パフォーマンスの秘密が隠されています。弓を引いたとき、視ている方向の腕は伸ばし（伸展）、視ていない方向の腕は曲げて（屈曲）います。これは私たちに生まれつき備わっている非《ひ》対称《たいしょう》性《せい》頸《けい》反射《はんしゃ》と呼ばれるもので、頸椎を左右に回旋させたとき、向けた側の上肢は伸びやすくなり、反対側の上肢は曲がりやすくなります。たとえば右手で腕相撲をするとき、右に向いたまま腕相撲をするよりも、左に向きながら（左回旋しながら）右手を曲げるほうが、力が入りやすくなります。逆に腕を伸ばすときは、伸ばす腕の方向に回旋すると伸ばしやすくなります。たとえば左ジャブを打つとき、左を見ながら打つと、左上肢は伸びやすく、右上肢のガードは曲げやすい。右手でのやり投げやボールの投球動作などでは、頸椎は「左回旋」からの「右回旋」だと上手くいきやすいでしょう。

音声こそ発しませんが、時に身体は言葉以上に話をします。パフォーマンスを行う以上、身体を学ぶ、身体で学ぶ、身体から学ぶってやっぱり大切です。

03 身体はとても合理的
「曲げる」の90度

スーパーなどに買い物に行くと、主婦の方が大きく膨らんだ買い物袋やレジ袋を前腕から下げて歩いているのを目にします。この時、肘の関節角度は大体90度の屈曲位に近いことが多いです。車の運転中、右に曲がる時に右手でハンドルを引く時も90度を通過する。

ラグビーで相手にタックルをしかけ、相手の足をホールドする時の肘の角度、ボクシングでアッパーがヒットする時の角度、柔道で相手の道着を摑んでグッと引き寄せる時の肘の関節角度も90度前後です。このように肘関節を屈曲する際は、大体90度前後の角度がいちばん筋力を発揮しやすいのです。

「伸ばす」の70度

逆に肘関節を伸ばす方向に動かすとき、大きな筋力が出やすいのは70度前後です。ドアを押して開くときの角度、車の運転で右に曲がる時の左肘の角度、腕立て伏せの恰好で比較的楽に静止できる角度、ピッチャーがボールを手からリリースする時の角度、バレーボールでアタックする時の角度、野球でバッターがミートする時の角度、料理人が包丁で食材を切る時の角度なども、70度前後であることが多いです。

「動く」の30度

股関節を屈曲位から伸展方向に動かすときは30度くらいが最も大きな筋力が発揮されやすい角度です。階段を上るのに、片足を上の段にかけたとき、股関節の屈曲が30度前後になる高さだと楽に階段を上れるでしょう。階段の高さが低すぎても、高すぎても「上りづらい」と感じるのは、股関節が十分な筋力を発揮しやすい角度になっていないからです。いわゆる股関節の「タメ」と言われる動きも、この角度に近いことが多いです。サッカーのゴールキーパーがいつでもセーブできるよう構えているときの股関節の角度、テニスプレイヤーが相手のボールにリアクションできるように構えている時の角度、レスリングや柔術の選手が立った状態で身構えている時の角度……きっと30度前後を見つけることができるでしょう。

このように運動の方向によって筋力を発揮しやすいベストな関節角度があります。興味深いのは発揮している筋力の大きさの割には、本人が力を使っている感覚はあまりないことです。もちろん体格や重心の位置、他の関節との複合的な関係も絡み合ってきますから、「この角度がいちばんいい」というわけではありません。あくまでも参考程度です。それでも「涼しい顔して大きなパワーが出せる角度」を知っておくとフォームチェックはもちろん、スランプに陥ったときに修正の目安になります。

日常生活でやっている動き、自然にやってしまう動きは案外正解で、身体は合理的で、省エネ志向です。子供にいきなり「コラーー！」と拳を振り上げてわざと叩くふりをすると、子供は「両手の中に潜るように」頭を下げます。これはもう完璧なガードで、ボクシングや格闘技で「ガード上げろ」と言われて重力に逆らって両手を挙上する選手がいますが、腕の中に潜り込む方が運動としても合理的なんです。身体は既に正解を知っている、ということもありますので、それを意識的に生かしていくのも面白いのではないでしょうか？

04 いろいろ

ボクシングの赤コーナーと青コーナー、どっちのほうが勝率が高いでしょうか？ イギリスのダーラム大学のヒル博士らはオリンピックでの勝率を調査し、結果は「赤コーナーの勝率が10～20％上回る」でした。

では、その理由はなんでしょうか？ オリンピックでは実力者が赤コーナーに割り当てられる、ということはありません。基本的に公平かつ無作為に割り当てられます。考えられる理由、それは「赤という色」です。人間にとって赤という色は、興奮を誘発します。血液の色は赤ですから、赤を視ると危険にさらされている、と感じてしまいます。黄色から赤に変化するくらいの果実は「食べ頃」として認識されます。性行為において、赤みを帯びた性器の色は、種の保存に直結します。危険の察知、食料の発見、そしてDNAの継承。「赤」は人間に影響を与えやすい色と言えるでしょう。

ボクシングにおいて、青コーナーの選手は「赤」を視界内にインプットされ続けることになります。ですから、ボクシングに必要な冷静さが損なわれたり、スタミナの枯渇が速まったり、戦闘意欲が失われたりといった影響が考えられるというわけです。

このように「色が人に与える影響」を利用したものは世の中にたくさんあります。G7の7カ国の国旗には赤が使われていますし、救急車や消防車、パトカーのサイレンなど緊急車両、ER、Emargencyのライトや看板にも赤が使われています。「危険、絶対立ち入り禁止」のロープ、あるいはテープは日本でも欧米でも「黄色と黒」の場合が多いですが、これは人類が本能的に嫌いな毒ヘビのカラーです。やはり脳への色の影響は無視できませんね。

ちなみに私は地下スタジオを所有していて、いろんなパフォーマーが練習や研究に足を運んでくださるのですが、基本的に「黄色、白、鏡」にしています。赤だと疲れ過ぎる、青だと冷静になり過ぎる、あくまでも個人的な経験からそんな感覚があったので、「ひらめきが起きやすい」といわれる黄色をベースにしています。電気を全部つけなくても結構明るくて助かってます。(笑)あと、鏡はそれぞれの人の色を反映するので、なんとなくですが多様性が許容されるような印象を感じています。ちなみに、色は結構文化や歴史、宗教の影響を受けていて、国や地域によって色への印象が異なります。イエスを裏切ったユダは黄色を身につけていた、とされていて今でもキリスト教圏では「不誠実」な印象を覚えることがあるようです。紫は高貴な色、という印象がありますが、これは紫の染料が珍しく手に入りづらかった背景もあるようです。

人間は五感のうち80%以上を視覚で入力するため、パフォーマンスの発揮においても、磨く練習においても、色の影響は少なくないと思われます。

05 ありがとうパワー

アスリートやミュージシャン、アクターが、家族や支えてくれる仲間やチーム、ファンへの感謝を言葉にする様子を目にすることがあります。アカデミー賞やグラミー賞などの授賞式では、受賞直後にスピーチで「神」から始まり（First of All, GOD)、お世話になったみんなの名前のリストを片手に読み上げる受賞者までいます。

なぜそこまで感謝するのでしょうか？　感謝には不安を減じる効果があるのです。不安を感じる時は、脳の扁桃体《へんとうたい》という部分が活性化しますが、感謝を感じている時は脳のVm-PFC（前頭前皮質腹内側部）という部分が活性化することがわかっています。扁桃体にある血流がVm-PFCにシフトすると不安が和らぐ可能性がある、というわけです。

アスリートやアーティストが、スピーチで感謝の言葉を述べるのも、「人間の脳は不安と感謝は同時に感じられない」ことを経験的にわかっているからかもしれません。「ありがとう」は「有り難い」、つまり「滅多にない」からきています。不安を数えそうになったら、感謝の数を数え、大好きな人たちの笑顔を想い出してみる。不安につかまることなく、むしろこちらから不安をつかまえて、脳の中をポジティヴな記憶で満たしてやる。そのようなちょっとした意識のシフトで、不安を軽減できることがあります。人に、出逢いに、機会に、環境に、幸運に、気遣いに、関係性に、健康に……感謝することで、プラスを享受するのは自分の脳なのです。（以下、思い出したかのように）ここまでお読みくださりありがとうございます。

06　言葉にする意義

「わからない状態」から、少しでも「わかる状態」に近づけたい。私たちの脳にはそのような特性があります。その過程で重要な役割を果たすのが「言葉」です。

黒く立ちこめる巨大な雨雲、地面を叩きつける豪雨、暴風にへし折られる木々、開いた瞬間に壊れる雨傘、荒れ狂う濁流に流される家、行方不明者を探す人、変わり果てた姿に泣き崩れる家族……。これらの「リアル」を内包した全体の気象現象を「台風」と名付けたことで、脳はそれぞれ個別の現象をひとつの概念としてとらえることができるようになりました。

「台風がやってくるらしい」という情報を得たとします。いつ上陸だろう？　進路は？　大きさは？　次から次へと疑問が浮かんできて「わからない状態」から脱しようとします。そして集めた情報を元に「上陸は明後日、今住んでいる地方を直撃らしい、過去最大級の大きさ」といった感じで、まるで単語と単語を組み合わせて文章化するように、情報と情報を関連付けて、今の自分の状況も反映させながら、台風を捉え直す作業を行います。そうすればそのあとの行動が変わってくるからです。

人間は、生きるに向かって合理的です。「言葉にする」という行為も同様です。近づいたら一撃で殺される動物をライオン、血管や心臓などへのリスクがある数値が続く状態を高血圧症、毒や危険な病原体が混入しておらず飲んでも大丈夫な水を飲料水、と言葉にすることで、生存の可能性を拡大しています。さらに脳はいざという時のために余白を残しておきたいため、言葉にすることで脳の使用容量を節約できるというメリットもあります。理解できない現象や事象に言葉を与える。とらえ方を変える。理解の範囲に収める。これが発明としての言葉の意義でしょう。

07 感情を外に取り出す

心に渦巻く感情を形にするのも言葉の大切な役割です。

「なんかおかしい」「なんともいえない違和感がある」「なんか居心地がよくない」「理不尽さだけがある」何かを感じているのは確かだけど、その感情の正体がよくわからない時、それを書き出す作業は効果的です。感情は脳の中にいます。それを「書くという運動」を通じて捕まえて外に出してやるわけですね。すると感情の正体が明らかになりますし、脳内にあった感情を、今度は「脳の外にある文字情報として視覚で捉え直す」ことができます。

シカゴ大学のラミレスらは、大学生たちに予備テストを受けさせ、その後にプレッシャーをかけて本試験を受けさせるという実験を行いました。

本試験の10分前に大学生たちを、❶何もせずに試験を待つグループ、❷テストについての自分の感情を書きだすグループ、❸テストや気持ちとは関係ないことを書きだすグループ、の3つに分け、予備テストと本テストの成績を比較したところ❶と❸のグループは正答率が低下したものの、❷のグループは正答率が4%アップしたという結果になりました。

自分でもよくわからない感情を、「書き出す」という理性的な運動によって形にして「脳の外に取り出す」ことができる。内部の問題を外に取り出して、自分と切り離すことができる。これも「書くという運動」の効用です。

私もアスリートやパフォーマーと練習や研究をするときには、ノートに「何をやったか」だけではなく「何を感じたか」を記すように伝えています。感情はその瞬間のリアルですから、消えゆく前に。そうすると後で見返したとき、心の変化がわかる気がします。

08 言葉における難しさ

本来は人間が生きるための言葉ですが、いろんな困難も内包します。

解釈と定義

同じ言葉でも、解釈ひとつで全てが違う、ということがあります。たとえば「臍《せい》下《か》丹田《たんでん》」という言葉があります。「臍下丹田に力をこめて」とか、「舞踊では臍下丹田が大切」といった感じで使われるのですが、西洋で確立された解剖学では、臍下丹田という場所はありません。ですが臍下丹田という概念や意識をもつことで、体幹が安定しやすくなったり、重力を感じやすかったり、腹横筋の収縮を感じやすかったり、ということが実際にあります。

問題は臍下丹田という言葉の意味の解釈、定義がいろいろあるということです。ある説明では「立位のときの臍の下、数センチのところ」となっていますが、これが正しいならば、丹田の位置は膀胱の近くになります。別の説明では「仰向けの時の臍から下、数センチのところ」です。これが正しいならば、丹田の位置は腹横筋の近くになります。どちらが正しいかはここでは論じませんが、「臍下丹田はどこか」によって力をこめる場所自体が随分と違ってきます。このように言葉だけが伝わっている場合、また言葉の定義が曖昧な場合、「どうやってその言葉が生まれたのか？」の背景にまで迫らない限り、ホントのところがよくわからない、ということになります。当然、言葉の意味の取り方によってパフォーマンスは大きく変わってきますが、不変を好むのも人間の脳の特徴なので、ずっと信じていたことを簡単に変えるのはなかなか難しいですよね。

そういう意味では医科学用語は基本的に定義がある場合が多いので、言葉としての共通性が高いという特徴があります。たとえば「右肘関節を90度屈曲する」は個体差があっても、それぞれに90度屈曲は世界中、共通の動きとなります。関節の名前、運動の名前、測定の方法が約束事として厳しく定められているので、再現性が飛躍的に高まる。それが医科学の強みでしょう。ちなみに「靱帯を動かせる」という武術の達人にあったことがありますが、人間が動かせるのは随意筋群だけ、靱帯は主に骨膜と骨膜をつないでいる組織ですから、靱帯（&人体）を知らずにマウントしてる感、逆張りのつもりが失敗してる残念感が伝わってきます。やはり定義を意識すること、定義がある言葉を使おうとする姿勢はこれから特に大切だと思います。

共有と見極め

私たちの脳は面白いことに、同時に困ったことに「視たいものを視て、聞きたいことを聞き、知りたいことを知りたがる」性質があります。眼をつぶって「白、白、白」と念じてから眼を開くと白が、黒、黒、黒と念じてから眼を開くと黒が、優先的に飛び込んでくるように見えます。これは脳が視たいものを視ている証拠です。言葉の共有においても似たところがあって、言葉を読みたいように読んでしまう、編集したいように編集してしまう、広めたいように広めてしまうのです。

典型例が『学問のすゝめ』で有名な「天は人の上に人を造らず人の下に人を造らず」です。これは福沢諭吉が人間の平等を説いた言葉、として共有されてしまっています。ですが原文は『天は人の上に人を造らず、人の下に人を造らず、と言へり。』つまり、「～と言われているよね」という表記があります。実際には賢愚の差、貧富の差、身分の差はある。それらの不平等に負けないために自分を磨くための学問をすゝめる、という内容が続きます。

まるでウイルスの変異株のように元々とは違う形で拡がったり、誤解されたままの認識を知る人が多い場合「間違いが正しい」になってしまうこともあります。

何かを学ぶ場合、間違った情報を正しいとしてしまうと、1+1=2ではなく1+1=3としたまま、その上に間違いを積み重ねてしまうことになってしまいます。日々爆発的な加速度で増え続ける情報ですが、そういう時代だからこそ、情報の真偽を確かめる、一次情報にアクセスする、といった言葉に対するリテラシーが必要だと思います。

09 言葉と実体

パフォーマンスの向上を求める場合、気をつけておきたいことがあります。それは「言葉が動きの実態を表しているとは限らない」という事実です。

たとえばカラテの「後ろ廻し蹴り」という技。華のあるカッコいい技なのですが、言葉だけ聞くと（読むと）「後ろに廻して蹴る技」だと思うでしょう。実際、そのように蹴る選手は多くて、私自身も現役時代、身体を廻して蹴っていました。（そのような運動イメージを想起していました）

しかしあるスペシャリストとの練習が私の固定概念をぶっ壊してくれました。小柄ながら無差別級世界大会ベスト4、後ろ廻し蹴りのスペシャリストでもあるカラテ家、ギャリー・オニール氏。彼は後ろ廻しを、廻しながら蹴っていなかったんです。彼の蹴りを言語化すると、まず蹴り出す前に180度反対側に身体を向けます。相手に背中を向ける形になります。そこから蹴り足を真っ直ぐ伸ばします。伸ばし切った瞬間に伸張反射が生じるため、膝から下が弧を描いてビュンと勝手に戻ってきます。

蹴る前に廻り終わる、蹴りたい方向に足を伸ばす、膝から下がハイスピードで戻る、「後ろ伸ばし蹴り」。それこそが彼の高速の後ろ廻し蹴りの正体だったのです。これにはかなりの衝撃を受けました。そもそもの蹴り方が全く違うんですから。

ギャリー氏との練習で得たものは、技術の向上を遥かに超えるものでした。

- 技と名前は切り離して考える必要がある。
- 動きが先、名前が後。
- 名前が現象を表しているとは限らない。
- マジョリティの認識では到達できない領域がある。
- 上に行く人はとらえ方から違う。

など、カラテ技術の枠を超えた大切なことに気づく機会となりました。その気づきを得て、いろんな技術やエピソードを知ることで、それまでとは違った景色が見えてきました。ベースはいわゆる弦楽器ですが、伝説的ベーシスト、ラリー・グラハム氏は、15歳で組んだバンドのドラマーが脱退したため、弦を打ってリズムをつくることを考えたそうです。彼の開発した演奏はスラップ奏法として知られています。ベース＝打楽器、の変換が起点となった演奏技術の革新です。

世界選手権で3回優勝、オリンピックでひとつの金メダルを獲得した不世出の柔道家にして医学博士、古賀稔彦氏の背負い投げの映像には「止まって相手を背負うシーン」はほとんどみられません。相手とひとつになって、自分自身も前方に回転しながら「自分と相手を一緒に投げる」、そんな技に見えます。

いろんなジャンルのいろんな場面で「言葉と実体が合っていない」ことがあると思います。野球のヒットは「いい感じで守備のいない空間への打球を飛ばした結果」なのに「ヒットを打とう」と力んでしまったり、「身体が固いから動きも固い」と自己規定してしまったり、「もっと高くジャンプしよう」とばかり考えて重力方向への意識が希薄になってしまったり、「強いパンチ」ばかりを求めて、弱いパンチや当てないパンチの有効性について考えなくなったり……。
そんなときは前提を疑っていい。名前を疑っていいし、書き換えてもいい。既存の言葉から解放されていい。優れた個性が教えてくれます。

10 希望の言葉と共に

アスリートが身体をつくるときには食事に気を遣います。身体に害のあるもの、ヘンなもの、粗悪なものは避け、身になるもの、身体に良いものを選択するでしょう。一回一回はほんの小さな選択の連続ですが、些細な差の積み重ねがやがて大きな差になる。自己研鑽に励む人たちは、その重要性を知っています。

おそらく脳にとっては記憶、そして記憶のタグである言葉にあたるでしょう。苦しい場面がやってきた時、「もうだめだ」という言葉が脳を埋め尽くした瞬間、ホントにダメになることがあります。同じ場面でも「ここからだ、なんとかする」と脳内リピートし続けると、なんとかなることもあります。それはいわゆる精神論、あるいはメンタルという光の当て方でもあるのですが、「脳での思考が、運動に反映する」と考えたほうが腑に落ちるというか、納得できるのです。とくにラグビーなどで相手チームとガッツリ組み合い拮抗している状況では、「心の動き」が「身体の動き」として、「気持ちのブレ」が「力の分散」としてダイレクトに表出しやすいからです。ちなみに脳は「スポーツによる汗」と「不安による汗」を判別する、という報告があります。不安による汗は、脳の島皮《とうひ》質《しつ》（苦痛や同情を感じる部位）を活性化させます。心の動き、いわゆる「負けモードが周囲に伝わる」というのは十分ありうるでしょう。

パフォーマンス向上において「どんな言葉を内在させるか?」は重要です。なぜなら私たちは言葉を使って思考するからです。「あと1分しかない」は焦りを生みますが、「1分あればチャンスは3回つくれる」はチャンスを見つける行動につながります。「できるかどうか」は心配を生みますが「やる」は試行を生みます。「できるかどうか」を基準にしてしまうと、「今はできないけど、これからできる」を知らないうちに排除してしまうこともあるでしょう。「運も実力のうち」もいいけれど、「実力が次の運を連れてくる」はもっといい気がします。

人間が言語を獲得したのは、脳ができてからかなり後のことです。「目立つ人」とは複数人がいる中で思わず視線を向けてしまう人のことです。視線を向ける、という運動が先にあり、その運動を含めた言語化が「目立つ人」です。「眩しい」とは、眼に光が差し込み、それに対して光の入射を遮る運動を伴って表される言葉です。ネット上には運動や肉体から切り離された言葉がたくさんありますが、言葉本来の意義や役割、そしてよりよく動けるための言葉の在り方を見つめ直すことで、パフォーマンス向上のきっかけが見つかるのではないでしょうか？

11　全ては「生きる」ために

あらゆるパフォーマンスは運動である、ことを述べました。私たちはなぜ運動するのか？　脳はなぜ筋肉を動かすのか？　それは生きるためです。

筋肉が伸ばされるのを嫌うこと、ヘビを視たら逃げること、重力を利用しやすい仕様であること、長い事象を短い言葉にしたがること……脳と身体について知れば知るほど、全ては「生きる」ためにあるのがわかります。

「本を読む」「音楽を聴く」「映画を観る」「絵画を鑑賞する」「パフォーマンスを体感す

る」これって他者を受け入れること。他者の思考や論理、リズムやグルーヴ、コンセプトや世界観、運動やイメージ。そうしたものに触れて自分に影響を与え、フィーリングを取り込む。記憶の蓄積が自分を創る。

これは私のＳＮＳの投稿です。

いつ何が起きるかわからない、いつ悲惨なニュースが飛び込んでくるかわからない、不確定要素満載の日々の中で「どんなニューロンのネットワークを構築していくか?」を意識的に選択していける。「誰のどんな影響を受けるか?」を自由に決められる。さらには「どんな運動を行って、どんな自身を創造していくか?」にも向かっていける。脳を随時更新し、記憶をどんどん変えながらサバイヴしてきた私たちは、既にその能力を手にしているわけです。

せっかくだから読者のみなさんと一緒にその能力を使い倒してみたら、もっともっと面白くなるんじゃないか? そんな想像をしながら書いてみました。パフォーマンス医学、この続きは、みなさんの心と身体におまかせしたいと思います。

インタラクティヴ・ファイト

脳、身体、重力、視覚、呼吸など、多岐にわたる切り口からパフォーマンスを見つめてみました。それらを総合的、統合的かつ安全に体感するプログラムが「インタラクティヴ・ファイト」です。インタラクティヴとは「双方向」の意味で、2人組の対人で試行することで、身体の使い方はもちろん、身体の動き、心の動きを感じながら、それぞれのパフォーマンスにフィードバックすることができます。早速、そのやり方をお伝えします。

ルールとやり方

❶お互いに「礼」からスタートします。

❷左手、左足が前になるように構えます。そして左の前腕、つまり肘関節と手関節の間が、お互いに触れあうようなポジションを決めます。足を置く位置、スタンス、骨盤の高さ、相手に対する角度などは、左手、左足が右よりも前に出ていれば、自由に決めてOKです。

❸双方の準備ができたら、「ケガをさせない、ケガをしない」とお互い宣言し、「構えて、はじめ」の合図でインタラクティヴ・ファイト開始です。左前腕を相手から離して、左上肢を使って相手を崩します。その時、以下の条件があります。

●スタート時の足の位置を最後までキープします。（右でも左でも）足の位置が少しでもズレる、あるいは足の裏以外の部分が地面に着いたら負けです。相手の足をズラす、もしくは相手のバランスを崩して足の裏以外の部分をつけさせたら勝ちです。

●相手に触れる際に使っていいのは自分の左手（左肘関節から先の部分）だけです。

●触れていいエリアは相手の鎖骨から下の部分です。未成年の場合は心臓震盪《しんとう》のリスクがありますので、胸部にも触れないように気をつけましょう。

●左手で相手に触れるのはＯＫ、押すのもＯＫ、引くのもＯＫ、引っかけるのもＯＫです。でも掴むはＮＧです。

●パワーは抑えめ、スピードはゆっくり抑えて行います。勢いで勝つのはＮＧ、力任せもＮＧ、身体のコントロールと戦略で勝つようにします。少しでもヒートアップしそうになったら審判は試合を一時中止して、注意の上で仕切り直しましょう。

●最初の宣言通り、ケガをさせない、ケガをしない。いかなるときもこれを最優先で。終わったら「礼」を尽くす。

お互いに礼

左手、左足が前になるように構える

インタラクティヴ・ファイト開始！

最後は礼を尽くす

以上がルールとやり方です。

いろんなパターンを試してみる

まずは何も意識せず、楽しみながらやってみましょう。ある程度の回数、インタラクティヴ・ファイトを行ってルールとやり方を覚えましょう。だいたい、感触をつかんだら、今度はいろんな戦術や意識の置き方のパターンを試してみます。

パターン1

勝とう、勝ちたい、という気持ちを無くして「相手が何をやりたいか？」をよーく観察してやってみましょう。微妙な動きがいろんな情報を与えてくれますよ。

パターン2

相手を押す時の呼吸はどうでしょうか？ 腹横筋を収縮させてみるといいかも？

パターン3

もし「身体を動かそう」「左手を動かそう」としてしまっていたら、視点を置く場所を変えてみませんか？　今以上に身体も動き出すかも知れないですね。

パターン4

重力を感じて動けていますか？　重力に乗って動けていますか？「地球と仲良く」動いてみましょう。

パターン5

相手にバランスを崩されて倒れそうになった時、どうやってリカバーしていますか？　身体が左に倒れそうになったら右に、右に倒れそうになったら左に、動いていませんか？　そんな時は股関節を屈曲して、身体を一度、重力方向に落としてみましょう。高さを変えると、リカバーしやすくなります。神経支配で言えば、「座る方向」つまり「動かない」に切り替えることになりますね。前や後、斜めでも同じことなので、試してみてください。

相手の動きをよく観察し、いろいろな身体の動きを試してみましょう

パターン6

表情筋をコントロールしてみましょう。どんな苦境にあってもポーカーフェイスで通したり、局面に応じてどんどん表情を変えてみたり。どんな表情があなたのスタイルにフィットするでしょうか?

パターン7

負けたら、「どこをどう変えればいいか?」を考えて次の回で試してみましょう。勝っても、「どこをどう変えればいいか?」を考えて次の回で試してみましょう。勝っても、負けても、目指すところはパフォーマンスの向上ですね。

パターン8

すぐに次に行かずに、「小脳に修正する時間を与える」のもいいかも知れないですね。

パターン9

相手に勝たせるには、どう動けばいいでしょう? こうやって、こうすれば、相手は勝てる。それを見つけたら、きっと負けない方法も見つかりやすくなりますね。

パターン10

水のように動いてみたら、どんな動きになりますか？　岩のように動かない運動イメージ、しなやかな若竹のような運動イメージも面白そうですね。相手の力に逆らわない、というのも試してみるのもありかも。

パターン11

前足に100％荷重したり、後ろ足に100％荷重したり、50％、50％に振り分けたり、と荷重を変えながら動いてみると、相手に対応しやすかったり、こちらの体勢も安定しやすくなったりします。

パターン12

リズムを変えてみるのもいいですね。ゆっくり、ふつう、はやく、の3つのBPMを自分の中にもって、切り替えてみるとそれだけで随分戦いやすくなることがあります。

表情も意識しながら、楽しみながらパフォーマンスの向上を！

パターン13

案外、自分の姿はわからないものです。自分が認識している自分と、相手からみた自分には大きな隔たりがありますから、相手にとってこちらがどう見えるか？　どんな動きが嫌だったか？　逆にやりやすかったか？　などなどインタビューしてみるのも非常に有効な方法です。主観と客観を合わせていくような。

パターン14以降

13までは、あくまで例に過ぎません。14以降は、ぜひともいろんなレベルアップの切り口を試してみてください。ぜひオリジナルの方法で、オリジナルのパフォーマンス向上を！

勝ち負けの基準を変えてみる

負けそうなところをひっくり返して勝った回だけを勝ちとする。
スムーズに動いて美を感じさせたら勝ちとする。
負けても粘りに粘って負けたら、勝ちとする。

これらのように勝ち負けの基準を変えてみるのも面白いです。目的はパフォーマンスの向上であって、インタラクティヴ・ファイトはそのためのプログラムのひとつに過ぎません。いろんなアレンジを利かせてみましょう。

戦闘の芸術として

インタラクティヴ・ファイト、いかがでしたでしょうか？

相手の優れた動きを視てコピーしながら、ファイト中に強くなることもできますし、相手の思惑を感じてそれに乗ったり封じたりという心理戦に持ち込むこともできます。

格闘技は英語でマーシャル・アーツ（Martial Arts）、「戦闘の芸術」といい、人間の機能美の追求でもあります。十分な安全が確保された上で、格闘的な要素を取り入れたこのプログラムで、人と対峙してお互いを高め合う醍醐味が伝わるといいなと思います。

＊インタラクティヴ・ファイトは、『ほぼ日の學校』でも紹介されています。ぜひご覧下さい。https://school.1101.com/speaker/12

最後はモデルのみなさん全員でインタラクティヴ・ファイト！

おわりに

私が全く気づいていなかったことの集大成でもある、『パフォーマンス医学』。それでもなんとか気づくことができたのは、ひとつひとつの出逢いのおかげです。誰かの好きな音楽を聴いて、自分もその音楽が好きになるように。気づきもまた、その時々に誰かが運んできてくれました。もちろん内省や思考の積み重ねは大切ですが、振り返ってみれば「これは自分ひとりでは到底気づけなかっただろうな」ということばかりです。

17歳の時、私はアメリカでカラテの試合をしました。初めての海外、映画やドラマ、MTVなどメディアの中でしか見たことがなかったアメリカ。何から何まで違うスケールの大きさに圧倒されました。試合ではアフリカ系アメリカ人選手の見たこともない蹴り技をまともに顔面に喰らってダウン、口腔内を大量出血し、前歯がグラグラになりましたが、「人間のことをもっと知らなきゃ強くなれない」と身体が気づきました。負けはしましたが、価値になる負け、負けてよかった勝負でした。

プロ格闘技のリングドクターでは、世界レベルの真剣勝負をレフリーの次に近い場所で体感する機会をいただいてきました。ファンや観客とは違い、一切の思い入れを排し、冷静かつ客観的に試合展開を直観しなければなりません。「一瞬たりとも見逃せないシチュエーション」のおかげで、人間の動きに対する感性が磨かれた気がします。命を削って戦う選手たちのおかげで、動きを視れば「ここを意識するともっと楽に動けるかも」がわかるようになりました。

ファイターのチームドクターでは、チームとして勝利に向かう難しさと面白さを学びました。普段の練習はもちろん、試合に向けての過ごし方、チームが負けたときの心身のケアまで、私がプレイヤーの頃には見えていなかった景色でした。特に試合中、セコンドがファイターに届けられるのは「言葉」だけです。止められない流れの中でのシンプルな言葉に何を込めるかについて考えるようになりました。

真剣に生きる人たちからもらった「気づき」のプレゼント。この流れを自分で止めてしまってはいけないと思い、志を同じくする仲間と共に、2つのジャンルに『格闘技医学』という橋を架けてみました。強さの医学的根拠を追求していくと、人間理解が進み、ファイターとして強くなれると同時に、無駄な怪我やダメージが減っていく。人として健康になれる。まるでコインの裏表のような関係が見つかりました。

幸運なことに、格闘技じゃない世界の人たちも、この新しい橋に可能性を見つけてくれました。

「サッカーに応用してみたら、随分楽に動けるようになりました」
「ヴォーカルに生かしてみたいので、一緒に研究しませんか」
「子供にとって医学的に安全なトレーニングをやっていきたいです」

そのような声を多方面からいただき、『格闘技医学』を進化させる必要性をなんとなく感じていた時のことです。２つの面白き出来事が起きました。

ひとつは『ほぼ日刊イトイ新聞』で糸井重里さんと出逢ったことです。人間の可能性を拡大する、という志向性に共感してくださった糸井さんは、自ら身体を張って『パフォーマンス医学』を試してくださった最初の人となりました。私は糸井さんとの出逢いのおかげで「自分」だけでも、「誰か」だけでもなく、「誰かと一緒に強くなる面白さ」に気づくことになりました。パンチ力が上がった人も、上がったパンチを受ける人もどっちも笑顔になる、高め合う時間。その時の模様は『ほぼ日』サイトの「強さの磨き方」に公開されていますので、ぜひご覧いただきたく思います。

もうひとつは、ある俳優さんが素敵な言葉をくださったことです。

「僕は、二重作さんの本もＤＶＤも研究してるんです。役者の仕事に生きるんじゃないかと思って」

これにもかなりビックリしました。現代社会ではおそらく必要のない、殴り合い、蹴り合い、倒し合い。でも、その中で掴んだ「真実」と、仲間たちと共に求めてきた「強さの根拠」が、ジャンルの壁を軽々と飛び越えて俳優さんの演技の一部になったこと、そしてアンテナを広く巡らせ、貪欲に学び続けるその方の姿勢に、言葉にできない感動を覚えました。

これらの体験が追い風となり、いろんなジャンルのみなさんと交流しながら『格闘技医学』の本質の部分はそのままに、ジャンルレスな『パフォーマンス医学』として再構築するプロジェクトがスタートしました。そういう意味では、『パフォーマンス医学』は、「ソロ」ではなく、出逢い、交流してくださったみなさんとの「ゆるやかなグループ」が生み出した作品ということになるでしょう。

読者のみなさん、ここまで辿り着いてくださり本当にありがとうございました。私も本書を完成させることで、次のステージが視えてきました。それは、みなさんの中で肉体化され、技術化され、体験化され、さらにレベルアップを遂げた『それぞれのパフォーマンス医学』に直接お会いすることです。

その日を心から、たのしみに。

最後に、本書の制作に粘り強く付き合ってくださった星海社の築地教介さん、いつかこの方と一緒に創造してみたい、と願っていたイラストレーターのサユミさん、勝井《かつい》洋《ひろし》さん、纐纈卓真《こうけつたくま》さんはじめ格闘技医学会のメンバー、大山大輔さん、七味《しちみ》まゆ味《み》さん、舘野百代《たてのももよ》さん、西嶋咲紀《にしじまさき》さん、雨宮《あめみや》あさひさんはじめ、Performance Dojoで共に研鑽するパフォーマー、Purple UniversityのTrue Funk Soldiersたち、みなさんは僕の閃きそのものです。モデル出演にご快諾くださった守屋里紗さん、廣瀬翼さん、中田香さん、梅田脩平さん、根本啓司さん、いつも応援してくださるヨガジャーナルオンラインさん、ファイト&ライフさん、月刊格闘無双さん、ほぼ日（株式会社ほぼ日）さん、ひろのぶと株式会社さん、田原総一朗さんと田原カフェさん、田中孝幸さん、古賀史健さん、大塚篤司さん、福岡県立東筑高等学校、高知医科大学同期のみなさん、いちばん近くの二重作ファミリー、そして本書を手に取ってくださったみなさんに、心からの感謝を。

そしてどんな時も「希望を忘れるな」と励ましてくれた父、二重作勲さん。
ずっと心の中にいてくれてありがとう。

2023年9月
二重作拓也

謝　辞

イラスト

サユミ

モデル

守屋 里紗

廣瀬 翼

中田 香

梅田 脩平

根本 啓司

アドバイザー

木村 龍之介

杉山 鉄男

限界を超えよう
境界を越えよう
その先はきっと神が守ってくれる

Prince

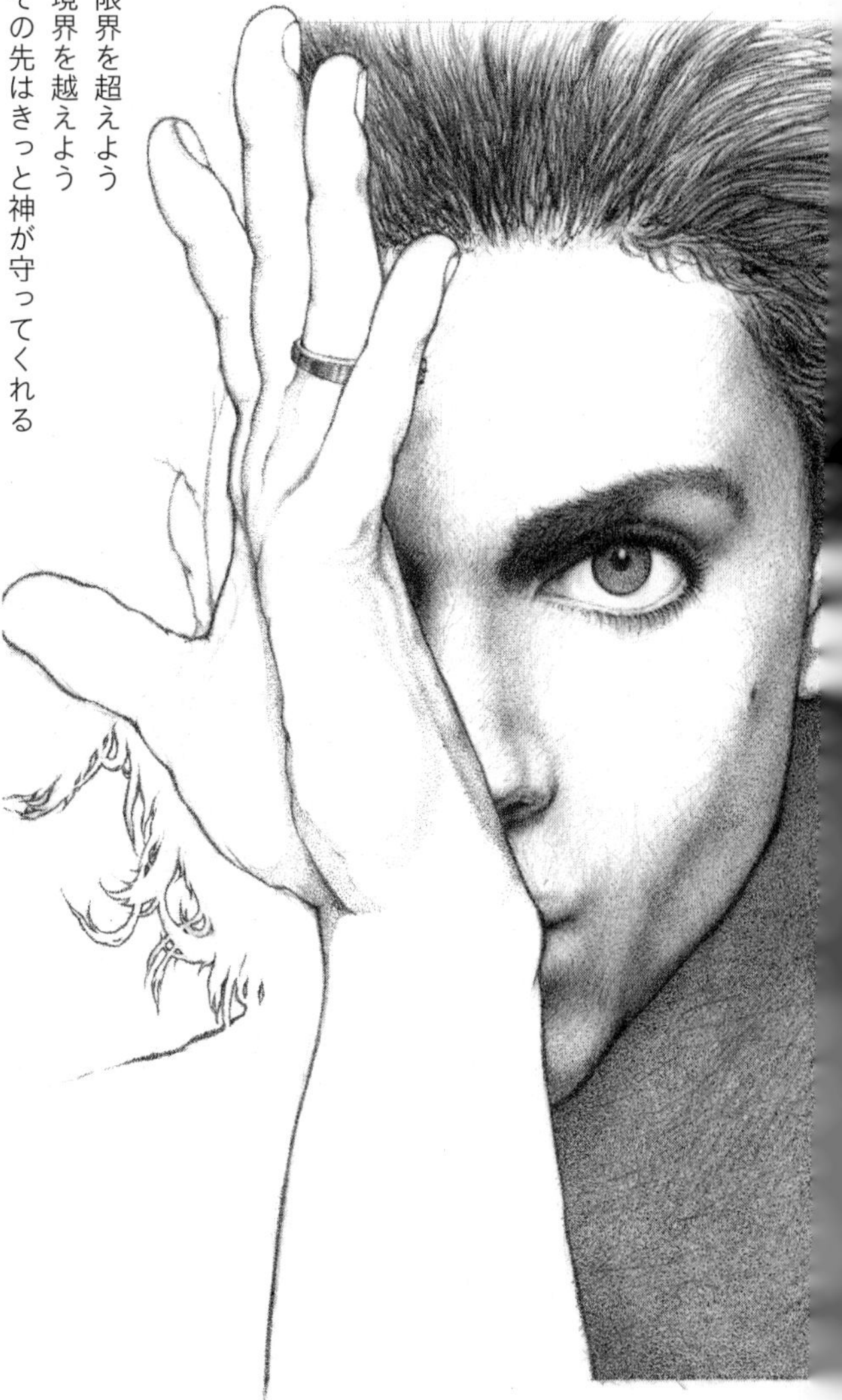

星海社新書
276

可能性《かのうせい》にアクセスするパフォーマンス医学《いがく》

二〇二三年一〇月二三日 第一刷発行
二〇二四年 六 月二〇日 第二刷発行

著者 二重《ふたえ》作《さく》拓也《たくや》

発行者 太田《おおた》克史《かつし》
編集担当 築地《つきじ》教介《きょうすけ》
発行所 株式会社星海社
〒一一二-〇〇一三
東京都文京区音羽一-一七-一四 音羽YKビル四階
電話 〇三-六九〇二-一七三〇
FAX 〇三-六九〇二-一七三一
https://www.seikaisha.co.jp
発売元 株式会社講談社
〒一一二-八〇〇一
東京都文京区音羽二-一二-二一
(販 売) 〇三-五三九五-五八一七
(業 務) 〇三-五三九五-三六一五
印刷所 TOPPAN株式会社
製本所 株式会社国宝社

アートディレクター 吉岡秀典《よしおかひでのり》(セプテンバーカウボーイ)
デザイナー 山田知子《やまだともこ》(チコルズ)
フォントディレクター 紺野慎一《こんのしんいち》
校閲 鷗来堂《おうらいどう》

ISBN978-4-06-533607-6
Printed in Japan

276
SEIKAISHA SHINSHO

次世代による次世代のための

武器としての教養
星海社新書

星海社新書は、困難な時代にあっても前向きに自分の人生を切り開いていこうとする次世代の人間に向けて、ここに創刊いたします。本の力を思いきり信じて、みなさんと一緒に新しい時代の新しい価値観を創っていきたい。若い力で、世界を変えていきたいのです。

本には、その力があります。読者であるあなたが、そこから何かを読み取り、それを自らの血肉にすることができれば、一冊の本の存在によって、あなたの人生は一瞬にして変わってしまうでしょう。思考が変われば行動が変わり、行動が変われば生き方が変わります。著者をはじめ、本作りに関わる多くの人の想いがそのまま形となった、文化的遺伝子としての本には、大げさではなく、それだけの力が宿っていると思うのです。

沈下していく地盤の上で、他のみんなと一緒に身動きが取れないまま、大きな穴へと落ちていくのか？　それとも、重力に逆らって立ち上がり、前を向いて最前線で戦っていくことを選ぶのか？

星海社新書の目的は、戦うことを選んだ次世代の仲間たちに「武器としての教養」をくばることです。知的好奇心を満たすだけでなく、自らの力で未来を切り開いていくための〝武器〟としても使える知のかたちを、シリーズとしてまとめていきたいと思います。

2011年9月

星海社新書初代編集長　柿内芳文

SEIKAISHA SHINSHO